Al Doctor:

Maximus Neumayer.

In memoriam, a:

Israel Rojas Romero,

Jesús González Biassuz,

y al maestro de primaria:

Roberto Sepúlveda Medina,

con agradecimiento eterno.

JORGE ELIÉCER
TRIVIÑO RINCÓN

LA IMAGINACIÓN CREADORA

UNIVERSITY PRESS
OF THE SOUTH
2021

Published in the United States by University Press of the South. Printed in France by Monbeaulivre.fr

E-mails: unprsouth@aol.com; universitypresssouth@gmail.com

Visit our award-winning web pages: www.unprsouth.com

www.punouveaumonde.com

Jorge Eliécer Triviño Rincón.

La imaginación creadora.

First Spanish Edition. Philosophy Studies Series, 26.

256 pages.

Front Cover Design by Stan Duchêne. Photo: 'Creative Imagination.' Clay Sculpture by Yuan Xing Liang (Shanghai, China). Reproduced with Permission.

1. Philosophy. 2. Creative Imagination. 3. Artistic Creation. 4. Mind Power. 5. Imaginary Worlds. 6. Fairy Tales. 7. Will Power. 8. Human Creativity. 9. Olivier Pascalin. 10. Jorge Eliécer Triviño Rincón.

ISBN: 978-1-952799-31-0 (First Edition: Europe, 2021)

“El ignorante camina tropezando, impotente, chocando con las leyes naturales inmutables, y viendo fracasar todos sus esfuerzos; mientras el hombre de saber, va metódicamente hacia adelante, previsor, despertando ciertos efectos, impidiendo otros, ajustando todas las cosas; realizando en fin, sus designios, no porque tenga «suerte», sino porque lo comprende todo.

El uno es el juguete, el esclavo de la Naturaleza arrastrado por las fuerzas inmutables por acción de sus propios caprichos; el otro, es el señor de ellas, utilizando las energías cósmicas para conducirlas hacia donde su voluntad determine.”

Maximus Neumayer.
La grandeza de la Psicoterapia.

“La imaginación es la visión del espíritu, los ojos del corazón. Con ella construimos nuestro porvenir y con ella sembramos la semilla de nuestra esperanza, la semilla de nuestros logros futuros. Esta semilla germinará y si es cuidada debidamente, en su momento dará abundante fruto.”

ANÓNIMO

INDICE

CAPÍTULO I
IMAGINACIÓN
SEMÁNTICA

La palabra imaginación, proviene de la raíz *magus*, y esta a su vez de *magh*: "tener el poder, poder hacer"

La raíz germana *mag* procede a su vez del verbo *may: poder, ser posible* y de *mogen, migth:* "poder" *Match, magus:* "los poderosos" "los que tienen el poder"

La palabra *imaginación* según la Real Academia de la lengua, se deriva del latín *imaginatio, imaginatiōnis*: Facultad del alma que representa las imágenes de las cosas reales o ideales.

Una facultad, es una aptitud, una potencia física o una potencia moral, lo cual significa que ella, en sí misma, es *una fuerza eficaz para la acción o para la posterior manifestación de aquello que se ha imaginado.*

De ella se derivan las palabras: *magneto, magnetismo, magnate, mago, magnificente, magistral, magistrado, magnesia, magma, magnífico, magnánimo, magisterio.* Todas expresan o dan sentido de grandeza.

"«Imaginación» quiere decir el poder de la mente para formar imágenes; desde las imágenes quiméricas, de un sueño hasta las imágenes vivas y corpóreas formadas por el poder de un adepto: Esta facultad que

era bien conocida de los sabios antiguos que la poseían, se halla casi por completo desconocida de la ciencia médica popular, la cual, a pesar de los descubrimientos recientes de lo que se llama ahora «sugestión» no parece todavía sospechar la extensión de su poder."[1]

[1] Franz Hartmann. Editorial Kier, s.a. Av. Santa Fe 1260. Buenos Aires. Ciencia oculta en la medicina. Pág. 105

CAPÍTULO II

LA IMAGINACIÓN EN LA MITOLOGÍA GRIEGA

En la mitología griega, *Iris*; es la representación de la imaginación creadora. Hija de Taumante y de la oceánide Electra y hermana de las Harpías y de Arce. En la Ilíada, se la describe como mensajera de los dioses; sin embargo, en la Odisea este papel está reservado a Hermes. También aparece en la Eneida como mensajera de Hera. Eurípides la incluye en su tragedia Heracles, *Iris* aparece otra vez como la mensajera de Hera.

Iris, es la personificación del arco iris que anuncia el pacto de los humanos y los dioses y el fin de la tormenta; al igual que Hermes, es la encargada de hacer llegar los mensajes de los dioses a los seres humanos.

En una ocasión, *Iris*, le pide a Jasón y a los Argonautas que no maten a sus hermanas las Harpías y promete que Fineo no será molestado por ellas nunca más.

Se representa a *Iris* como una hermosa joven virgen con alas doradas y con una túnica multicolor, apresurándose a la velocidad del viento de un extremo a otro del mundo, a las profundidades del mar y del inframundo en donde tenía acceso libre. Es la mensajera especialmente de Hera, y está relacionada con Hermes, cuyo caduceo lleva a menudo. Por orden de Zeus, lleva un jarro con agua del río Estigia, con la que hace dormir a todos los que perjuran. Sus atributos son el caduceo y un jarrón. También es representada suministrando a las nubes el agua que necesitan para inundar el mundo.

Puesto que la función de Iris es transmitir los mensajes de los dioses, Platón relacionaba su etimología con *eireín*, cuyo significado es *«hablar»*. Así, Iris personificaría la dialéctica y la filosofía. Su origen sería el asombro, puesto que su padre, Taumante, está relacionado etimológicamente con la palabra thoûma (asombro).

En la mitología griega, Taumante o Thaúmas, "maravilla", "milagro"; era hijo de Gea y de Ponto. Era uno de los dioses marinos primordiales. Se unió a la oceánide Electra, y de ellos nacieron Iris, Arce y las Harpías.[2]

Aquí, se hace necesario emparentar Thaúmas con la palabra Taumaturgia: *Facultad de realizar milagros o hechos extraordinarios y prodigiosos.*

Taumante, es también un calificativo de Iris (por lo espectacular de sus colores), y el nombre de un centauro que asistió a la boda de Pirítoo, luchó contra los lápitas y huyó.

---

[2] Wikipedia en español.

Iris es una diosa griega cuya forma física es el arco iris. Antes de que Hermes, o Mercurio, fuera el mensajero de los dioses, Iris desempeñaba ese papel, y sus palabras nunca fueron puestas en duda. *Era capaz de volar alrededor del mundo, y desde las alturas del cielo hasta las profundidades del mar, conectar a la humanidad con lo divino.*

En el arte, se le representa como una joven muy bella con alas doradas, y aparece normalmente junto a Hera o Zeus. Al igual que la diosa Hebe fue también *copera de los dioses, dispensándoles el elixir mágico, la ambrosía que les confería la inmortalidad.*

Sus hermanas son las Harpías aladas, que fueron en un tiempo hermosas doncellas, pero que, como les sucedió a otras diosas, fueron después denigradas y se convirtieron en criaturas espantosas. El consorte de Iris es Céfiro, el viento del oeste. Iris es especialmente leal a la diosa Afrodita.

Cabe destacar que, dentro de los símbolos atribuidos a Iris, están: *El caduceo* que porta después Hermes, formado por una serpiente negra y otra blanca, las cuales representan las dos fuerzas de la naturaleza: una energía ascendente y otra descendente, en equilibrio en un báculo, el que finaliza con un disco dorado con alas a lado y lado. Este precioso símbolo ha sido adoptado por la medicina moderna, para representar la salud y la armonía.

Otro distintivo de la diosa Iris, es un *jarro de agua del río Estigia*, cuyas aguas conectaban con el inframundo; prueba de que ella —la imaginación— nos puede conectar con el mundo de los muertos.

Iris es una mujer *virgen*, lo que nos da a entender que su origen es *divino*, como realmente lo es. Posee alas doradas que le permiten ascender al cielo de la perfección, y descender luego, para ponernos en contacto con el mundo material.

Un importante detalle sobre la diosa *Iris*, es que tiene alas, lo cual le permite surcar los espacios, y conectarnos con los dioses del olimpo.

CAPÍTULO III

LA IMAGINACIÓN EN LOS CUENTOS DE HADAS

LAS MANZANAS DE ORO

El cuento narrado a continuación, lo transcribo de memoria. Lo leí en mi niñez en una cartilla de educación primaria; es una leyenda narrada de generación en generación, y que impresionó profundamente mi psique.

Un hombre tenía tres hijos y un cultivo de manzanas. Un día, decidió enviarle una cesta de manzanas para el rey, con el hijo mayor. El hijo se fue y en el camino se encontró con una bruja, quien le preguntó:

— ¿Qué llevas ahí?

—Comida para cerdos —le respondió.

—Ah bueno, si dices que llevas eso, eso llevarás.

El joven continuó su marcha hacia el castillo, donde lo esperaba el rey.

— ¿Qué traes ahí? —preguntó el rey.

—Manzanas—, fue su respuesta.

Cuando abrió la cesta, pudo ver que, en vez de manzanas, había comida para cerdos; entonces, le llevaron preso a una celda por haber engañado al rey.

Su padre, muy preocupado porque no llegaba su hijo mayor, decidió enviar al segundo hijo, recomendándole que hiciera la entrega de las manzanas.

El joven inició el viaje, encontrando también a la bruja en el camino, quien le preguntó:

— ¿Qué llevas ahí?

—Ancas de rana.

—Ah bueno, si dices que llevas eso, eso llevarás—. Fue su respuesta.

Cuando llegó al castillo del rey, éste lo recibió, pero dudando para recibirle la cesta.

— ¿Qué traes ahí?

—Manzanas—, fue su respuesta.

Al abrir la cesta, comprobaron con asombro, que el contenido eran ancas de rana, enviándole también a la cárcel.

El padre de los tres hijos, sin más recurso que su pequeño hijo, le envió a que hiciera la entrega del obsequio de las manzanas, a su rey.

El joven se encontró al igual que sus dos hermanos, con la bruja, quien le preguntó:

— ¿Qué llevas ahí?

—Manzanas, tan bellas que parecen de oro.

—Pues si eso dices que llevas, eso llevarás.

El adolescente prosiguió su camino, y cuando llegó al palacio, no le querían dejar pasar, pues sabían que sus otros hermanos habían engañado al rey. Estaba la princesa cerca y supo de lo que ocurría, ordenándoles que le dejaran pasar y mostrar el contenido de la cesta.

Cuando abrieron la cesta, con asombro, supieron que había manzanas de oro, razón por la cual, dieron los agradecimientos y dejaron en libertad a sus hermanos, y le propusieron, además, que se casara después con la princesa."[3]

En este cuento, encontramos a la bruja, *como personificación de la fuerza condensadora de la imaginación creadora*, ya que es ella, la que convierte las cosas en lo que dicen los hijos.

El primer hijo—, el mayor—, representa *el deseo*, pues éste es el más desarrollado en la humanidad actual; y es quien manifiesta que lleva comida para cerdos, es decir, que el obsequio de las manzanas no es importante; ese regalo, nada representa para él pues *aún no sabe del valor real*, de lo que ellas representan.

3

El segundo hijo le dice a la bruja que lleva ancas de rana; dando a entender que tampoco está interesado en llevar a cabo su labor; él representa *la mente*, la que está un poco menos desarrollada en la humanidad, y para la cual, *tampoco es de su interés esta dádiva* que le envía su padre el ego: la conciencia.

El tercer joven—, el más pequeño— dice que lleva manzanas que parecen de oro; este muchacho, por ser el más joven, representa a *la imaginación*—, todavía incipiente en la mayoría de los seres—; pero él, *si sabe de la importancia del regalo*. Las manzanas son hermosas y valiosas para dárselas a su rey: El yo superior.

Cuando la imaginación es guiada por los deseos egoístas, como en el caso del primer hijo; se producen imágenes toscas, imperfectas, faltas de belleza y armonía; en el caso del segundo hijo—, la mente—, ocurre igual: son faltas del fuego del amor, por lo tanto, sus creaciones no tendrán belleza, estética, gracia, ni armonía. Son creaciones deformes.

En el caso del tercer hijo, el más pequeño—, ya que representa el vehículo que menos hemos perfeccionado—, es además quien cumple la misión de entregar las manzanas a su rey; su *palabra* o *verbo*, logró la maravilla de transmutar la materia. Las manzanas, que eran normales, se convirtieron en manzanas de oro. Esa es la excelencia del verbo: *transmutar la materia misma*; pero hay algo más que agregar, y es que es el hijo menor, quien logra casarse con la princesa—, con el alma—

además de liberar a sus dos hermanos: El deseo y el pensamiento concreto.

Nosotros pensamos formando imágenes enlazadas con otras imágenes; pero algunas de ellas son contrahechas, deformes; aparte de estar faltas de armonía y belleza, son débiles, pues carecen del fuego del afecto: del amor.

¡Qué cosas se hacen al calor del fuego del amor! El amor es un fijador por excelencia—, y si no—, mediten en la forma en que se fija una imagen en el arte de la fotografía, o cuando un soplador hace vasijas de vidrio: ¡Ah los sopladores! Es el fuego, el que transforma la arena de sílice en cristal, pues ella se funde a mil quinientos grados centígrados.

El amor ha sido comparado con una descarga de electricidad, bien lo dice una conocida canción: *"Amor, un relámpago en la oscuridad, amor latigazo de electricidad..."*

Las imágenes no pueden ser frías—, pues la mente es de carácter gélido—. Los pensadores son seres calculadores, razón por la cual, en el campo afectivo o amoroso, sus resultados son desastrosos.

El corazón, presta su calor a los actos que se emprenden bajo su égida. El amor es una fuerza poderosísima, ya que guía a la misma voluntad con su magnetismo.

Quien ama, y posee una fuerte imaginación, triunfará indefectiblemente.

Y con respecto al amor, Marie Corelli, dice:

"La vida es el ímpetu Divino del Amor. La fuerza que regula el Universo es el Amor; y del Amor nace el Deseo y la Creación. Así como un amante desea apasionadamente la posesión de su amada, para que de su mutua ternura nazcan los hijos del Amor, así también el Divino Espíritu, perpetuamente creador y deseoso de perfecta belleza, posee el espacio con eterna energía, produciendo millones de sistemas solares, cada uno de ellos con diferente organización y separada individualidad. El hombre, la criatura de nuestro pequeño planeta la Tierra, es nada más que un simple resultado de la irresistible manifestación de la Divina fecundidad."[4]

Y en otro aparte del libro continúa refiriéndose a él en estos términos:

"Una vez que poseáis el inestimable tesoro del Amor, recordad que todos los esfuerzos posibles serán puestos en práctica a fin de arrebatároslo. Nada envidia tanto el mundo como un alma feliz.

Los que han sido vuestros amigos más queridos, se volverán contra vosotros, porque poseéis una dicha de que ellos no participan; se unirán con vuestros enemigos para haceros descender de la altura de vuestro paraíso; vuestros

---

[4] Corelli Miss Marie. El castillo de Asélzion. Traducido por Ramón Barahona Merino. Pág. 108.

más tiernos sentimientos serán desdeñados y ridiculizados, venenosas mentiras y crueles calumnias circularán con relación a vuestra persona, y todos estos vedados arbitrios tendrán por único fin sumergiros en la obscuridad y en el caos, a fin de que no continuéis en el círculo de luz. Si queréis manteneros firmes, debéis permanecer valientemente dentro del torbellino de bajas pasiones que se forman en torno vuestro; si deseáis conservar la tranquilidad de vuestra alma, debéis mantener en su sitio el fiel de la balanza. Los radiantes e inmortales átomos que constituyen vuestro cuerpo y vuestro espíritu, deben estar bajo vuestro directo control y completa organización, como un ejército bien disciplinado, de lo contrario, las fuerzas desintegrantes puestas en juego por las influencias malignas de quienes os rodean, no solo combatirán vuestra felicidad sino vuestra salud, debilitarán vuestra energía y destruirán vuestra paz. El amor es la gloria única de la vida, el corazón y el pulso de toda la creación, un bien negado a los más grandes conquistadores de la tierra; un talismán que descubre todos los secretos de la Naturaleza; una Divinidad cuyo poder es ilimitado, y cuya bendición proporciona belleza, dulzura y amplia felicidad. Fijad todo esto en vuestra memoria, y jamás olvidéis que el gran bien del Amor es envidiado por los que carecen de él."[5]

---

[5] Corelli Miss Marie. Obra citada. Págs. 137,138.

Y para finalizar sobre tan importante tema, se refiere de la siguiente manera:

"La voluntad puede ejercer su dominio sobre todas las cosas, menos sobre el Amor, porque el Amor es de Dios, Y dios no está sujeto a autoridad. El Amor debe nacer *en* el alma y *del* alma."[6]

La imaginación, ha sido llamada: *la loca de la casa*, ya que va de un lado a otro sin control. Nosotros pensamos mediante la yuxtaposición armónica de imágenes.

Cientos y miles de imágenes pasan a través de nuestra mente, sin control alguno; pero hemos de preguntarnos: ¿cuáles imágenes son las que se concretarán luego en acciones? Sin duda alguna, debemos estar muy vigilantes para que en nuestra psique penetren únicamente las imágenes llenas de *bondad, belleza* y *verdad;* razón por la cual, debemos vigilar para que no ingresen imágenes nocivas y contrahechas.

Concretamos pensamientos malsanos, en todos los sentidos: para nuestro cuerpo, para nuestra mente y para nuestro espíritu. No podemos dejarnos llevar de pensamientos inarmónicos; aquellos van en contra de nuestros principios y valores, en contra de nuestros sublimes pensamientos y de nuestros elevados deseos.

---

[6]Corelli Miss Marie. Obra citada. Págs. 139.

CUENTO

EL PODER DE LA IMAGINACIÓN

"Érase una vez tres gusanos de seda que ignoraban su futuro como mariposas. Sus nombres eran: Pesimista, Realista e Idealista. Se les acercaba la hora de su transformación y empezaron a sentir los primeros síntomas.... Su voraz apetito fue desapareciendo, su movilidad menguaba a gran velocidad y, finalmente, sintieron cómo el capullo les aislaba del mundo conocido, de la seguridad de lo cotidiano. En la oscuridad del misterio de su futuro, tuvieron pensamientos distintos: Pesimista se dijo a sí mismo que estaba viviendo el final de su vida, y en lo más profundo de su sentir, se despidió de los buenos momentos. Realista se dio ánimos diciéndose que todo aquello sería momentáneo y que, tarde o temprano, todo volvería a la normalidad. Idealista sintió que, aquello que le estaba ocurriendo, podría ser la oportunidad para que se cumpliese su sueño más preciado: poder volar. Y aprovechó la oscuridad para perfeccionar sus sueños. Cuando los tres capullos se abrieron, dejaron ver tres realidades iguales y distintas, a la vez... Pesimista era una bellísima mariposa, pero.... estaba muerta... Había muerto de miedo. Realista era una hermosísima mariposa, pero.... a pesar de ello, empezó a arrastrarse como cuando era gusano. Con satisfacción,

dio las gracias al cielo por haber podido seguir igual. Idealista, nada más ver la luz del día, buscó sus alas... y al verlas, su corazón rezumó alegría, y dio gracias, repartiendo su dicha por todo el bosque."[7]

Es necesario hacer un análisis pormenorizado de esta corta, pero sabia narración sobre el poder de la imaginación creadora. Aquí se nos presentan tres posibilidades distintas:

I

En el caso de la primera mariposa, se nos revela *el efecto inhibidor del miedo*, y cómo limita para la concreción de la imagen que se quiere plasmar.

La palabra miedo, procede del latín metus: *alteración del ánimo,* es decir—, alteración de la sensibilidad—, que produce en los seres estados de angustia.

El temor, inhibe el proceso de materialización de cualquier idea. Se hace necesario recordar que todo acto por nimio que parezca, es importante; el miedo es un sentimiento que paraliza el pensamiento y la acción corporal; por lo tanto, debe ser eliminado de nuestras vidas, pues el temor impide la acción fecunda. Toda persona que aún no posea suficiente coraje, debe transformar el temor en valor, grado tras grado, hasta convertirlo en coraje.

El temor, ha sido sembrado en nuestras mentes por nuestros progenitores, pues ha sido heredado de

---

[7]GONZÁLEZ, Pérez Carlos. VEINTITRÉS MAESTROS DEL CORAZÓN. Un salto cuanticoenlaenseñanza.Pág13.www.ladanzadelavida12.blogspot.com/arcoirisdan@yahoo.es

generación en generación, y como lo han repetido miles de veces, queda en el inconsciente—, o endoconsciente— para exteriorizarse luego en las nuevas generaciones: en los jóvenes. Las religiones han infundido el miedo enseñando la existencia de un Dios de temor, en vez del Dios del amor, que ha manifestado su bondad, su belleza y verdad en cada criatura. Los clérigos propagan esta enseñanza, sin ponderar los efectos desastrosos que pudieran causar. Los políticos igualmente prefieren—, al igual que los clérigos—, a los ignorantes, pues ese estado mental es aconsejable para poder manejar a su antojo a la muchedumbre.

Solo el conocimiento aplicado puede sacarlos de ese lamentable estado, que causa miseria y desazón.

Existen varios tipos de miedo: miedo al qué dirán los demás, miedo a no ser aceptado por nuestra condición económica, a fracasar en el intento por llevar a cabo un proyecto, miedo a que nuestra relación con el género femenino no sea la más adecuada, miedo a no estar preparado para presentar exámenes o cuentas ante nuestros maestros o ante nuestros superiores en el trabajo; miedo a envejecer, a no poder soportar el dolor ante la muerte de nuestros seres queridos, miedo ante lo nuevo, o ante lo desconocido; pero siempre el miedo supera las expectativas, pues despierta imágenes morbosas de posibles desenlaces, que jamás van a ocurrir; generalmente el fin de una acción nuestra, contradice a la razón enfermiza y artificiosa. Los desastres se producen, pero, la mejor manera de enfrentar una situación que hemos creado, es usando el coraje. Debemos tener bien claro cuál es el rumbo o determinación que hemos planeado, y forjar una imagen lo más nítida posible. Al miedo se le enfrenta, de manera valiente. Cuando hay oscuridad, de nada vale lamentarnos de nuestra situación; debemos encender la luz en nuestro interior; confiar en nuestras potencialidades, pero aún más: confiar en la Divina Providencia o El Gran Arquitecto, o como lo queráis llamar. Él es un océano de abundancia. Como decía el apóstol Pablo: “En él vivimos, nos movemos y tenemos nuestro ser.”

Ese manantial divino, alimenta a las aves, a los seres que habitan en las aguas y a toda criatura que repta y camina.

Nada, absolutamente nada debe arredrarnos ante ninguna situación adversa. Toda situación, por difícil que parezca, tiene solución. Todo cuanto nos acontezca, ya le ha sucedido a alguien más y todo pasará.

Al respecto, una leyenda llamada *Iazul*, cuenta que un visir debía encontrar la respuesta a una petición de su rey, quien le había encomendado la tarea de mandarle a grabar una palabra en su anillo, para que cuando estuviera en dificultades se sintiera bien, o cuando se encontrara en momentos de gloria o de dicha, le sirviera para entender el momento.

El visir, muy preocupado, le contó a su hija el compromiso que tenía con el rey. Ella le recomendó que se tranquilizara y durmiera, ya que la noche trae consigo respuestas a las dificultades que se nos presentan. Al amanecer, el visir no había hallado la solución, pero ella sí.

—Padre —le dijo—. Debes mandar a grabar la palabra IAZUL en el anillo del rey.

—¿Y qué significa esa palabra, hija?

—Significa: Todo pasará. Si siente un dolor, tiene una dificultad, o un problema, será consciente de que por más difícil y doloroso lo que le haya ocurrido, eso pasará indefectiblemente; por el contrario; si es un momento de gloria, de alborozo y de alegría, igualmente, pasará.

El padre agradeció la solución que le había dado, su hija, y se la transmitió al rey, quien quedó agradecido, no sin antes averiguar quién le había dado la solución, y prometiéndole luego matrimonio a la hija del visir.

Esta leyenda, o alegoría, tiene tres enseñanzas muy valiosas:

Confianza en la resolución de los problemas o dificultades, pues todos los sucesos tienen solución.

Saber, que cuando la mente se halla en reposo, *el endoconsciente busca y encuentra la solución adecuada a cada dificultad.*

Y ser conscientes de que todas las cosas siempre terminarán, pues la única ley inamovible es que todo, absolutamente todo, cambia o pasa, o muda, pues el movimiento eterno es la ley de la Única Esencia.

Todas esas son facetas de tan funesta pasión o recelo.

Aquí, vamos a insertar textos de los más connotados espiritualistas y psicólogos para poder tener argumentos y suficiente capacidad de análisis con respecto a tan funesto sentimiento; saber en verdad qué es, cómo actúa en nuestra psique y cómo obrar cuando se nos presente.

"Muchas gentes de verdadero mérito personal no llegan a cumplir obra notable en toda su vida, porque les amedrenta la perspectiva del fracaso y pintan en su mente el cuadro de humillaciones y sufrimientos que les seguirían. Lo peor que le puede ocurrir a un hombre es que se le meta en la cabeza la preocupación de haber nacido con mala estrella y que tiene en su contra al destino. Sin embargo, en nuestra mente está en nuestro destino, cuyos dueños en realidad somos.

Mientras unos se quejan de la hostilidad del ambiente y de lo adverso de las circunstancias que les niegan toda oportunidad de acción positiva, otros prosperan y triunfan en las mismas condiciones y dejan de sentir su influencia en la sociedad.

¿Qué remedio le queda al hombre convencido de que nació para el fracaso? Tan imposible es derivar el éxito de pensamientos recelosos, como pedirle rosas al cardo. Quien mucho piensa en el fracaso, la miseria y la pobreza, graba, por decirlo así, estas ideas en la intimidad de su conciencia y engendra con ello condiciones hostiles al cumplimiento de su propósito.

Solemos achacar a la suerte o al destino lo que en gran parte es el resultado de nuestra mente. Nos codeamos con hombres que sin vigoroso talento ni muy amplia cultura han prosperado fabulosamente mientras que otros, con en apariencia superiores cualidades, quedaron postergados o fracasaron en su intento.

Potente magia y energía creadora entraña el esfuerzo por llegar a ser lo que se quiere ser y en asumir el carácter y las cualidades apetecidas. Quien anhele conservar la salud, no ha de pensar en nada que pueda quebrantarla, sino creerse siempre bueno y sano de cuerpo, porque esta actitud mental determinará saludables condiciones de vida.

Quien ansíe ser valeroso, ha de pensar constantemente que a nada teme ni nadie le sumirá en la cobardía. Los recelosos y desconfiados han de advertir que en sí mismos están las causas de su flaqueza, pues las gentes de quienes desconfían y recelan están demasiado preocupadas en sus asuntos para hostilizarlos sin fundamento; y por lo tanto, harán bien en desechar desconfianzas y recelos para seguir derechamente su camino."[8]

Pero este autor, nos ilustra mucho más acerca del temor en la misma obra:

"El temor no tiene realidad tangible; es una morbosa imagen mental, que se desvanece con sólo oponerle su contrario. Nada temeríamos si nos convenciéramos de que únicamente podemos dañarnos nosotros mismos, pues lo exterior no

---

[8]MARDEN, Orison Sweet. El poder del pensamiento. Editado por Federico Climent Terrer. Barcelona. Impresión marzo 25 de 1915. Págs. 85-87.

tiene poder prevaleciente contra el esforzado ánimo.

Disiento de la opinión de los médicos a cuyo entender es el temor una emoción tan natural en el hombre como el valor. No puede ser normal nada de cuanto invalida nuestras aptitudes, desvanece nuestra confianza y sofoca nuestros anhelos. Sin duda, los médicos de referencia confunden la precaución, la prudencia y la premeditación con los pensamientos de temor, que ciegan y arruinan. La prudencia, es con sus derivadas, una virtud que nos precave contra el mal; pero diametralmente del temor irreflexivo, que abulta los males en vez de justipreciar su verdadera intensidad y cuantía. Podemos neutralizar los pensamientos de temor con sus opuestos los de esperanza y fe, tan seguramente como el químico anula por medio de los álcalis el corrosivo poder de los ácidos.

Lo necesario es mantener nuestro nivel moral, físico e intelectual lo bastante elevado, para que ni el vicio, ni la enfermedad ni el error adelanten un paso en su camino de invasión. Para mantenernos completamente libres de estos enemigos de nuestro bienestar, hemos de hacer con rectitud cuanto hagamos, de suerte que la pureza predomine en todos los actos de nuestra vida, en el estudio y en el recreo, en el ejercicio y en el descanso, en la comida y en el vestido y sobre todo y ante todo en el pensamiento, para cerrar la puerta e impedir la entrada a los numerosos enemigos que están en continuo acecho de nuestros descuidos y flaquezas[9]

Este texto, nos ilustra—, además—, acerca de la materialización de aquello que se teme. También se manifiestan los pensamientos de temor, por lo tanto, debemos procurar por convertir el miedo en coraje haciendo consciencia siempre y en todo momento.

II

La segunda mariposa, nos la definen en el cuento, como un a un ser *realista*, es decir: en ella predomina la mente concreta, apegada únicamente a lo que ve; razón por la cual *da gracias por permanecer como está;* de acuerdo con este texto es innegable que quien posee esta forma de actuar, no puede ir más allá de sí mismo; está limitado y por eso, no buscará avanzar evolutivamente. La mente concreta nos hace creer que únicamente cuanto vemos y tocamos es realidad, desconociendo que existen otras cosas que nuestra mente aherrojada no puede ver. El realista, cuando sabe que sus acciones mentales fracasan, se vuelve incrédulo, crítico y desconfiado de sí mismo, negando el mismo principio creador. Sus acciones se tornan reflejas y avanza por el mundo de tumbo en tumbo. Se hace necesario tener una mente receptiva, más abierta a otras posibilidades. No podemos continuar con la creencia de que solo cuanto nosotros pensamos es verdad. Existen múltiples formas de pensar y de actuar.

---

[9] Marden. Orison Swett. El poder del pensamiento. Págs. 145,146. Obra citada.

La mente concreta, actúa únicamente en tres dimensiones y no le es posible vislumbrar otras formas de ver el mundo; por eso se hace necesario ser eclécticos en nuestra formación personal. Una mente abierta se genera cuando somos buenos lectores, cuando vemos otros horizontes más vastos y amplios, cuando nos abrimos a otras culturas y razas; pues entendemos los diversos lenguajes y formas de ver la vida. Todo aquel que busque el verdadero conocimiento debe tener una mente amplia. El egoísmo y la creencia de que somos los únicos que tenemos la verdad, nos limita en realidad. El universo es demasiado amplio y profundo como para creer que no existen otros caminos y otras formas posibles de entender la vida.

La mente es como una lente y cuanto más pequeño, menos imágenes podremos abarcar. Debemos tener el corazón de un niño para alcanzar el conocimiento real de las cosas.

Dice Madame Blavatsky en su opúsculo La voz del silencio: *"La mente es el gran destructor de lo real"*[10] haciendo referencia a que la mente como instrumento de sabiduría no es el más apropiado.

Un precioso texto mimeografiado, escrito por Luis Bernardo Cruz, presidente de un aula de la Fraternidad Rosa Cruz de la ciudad de Manizales, declara al respecto:

"Es evidente que los que permanecen abiertos, adaptables y flexibles en su pensar, en su sentir y en su actuar, pueden asimilar nuevas ideas, formar nuevos

---

[10]BLAVATSKY H. P. La voz del silencio. Editorial Kier s.a. Santa Fe 1260 Buenos Aires. Octava edición. Pág. 14

hábitos y consolidar costumbres constructivas. Así se forja un carácter, la fuerza invencible ante todos los obstáculos a superar. No hay otro medio que el conocimiento aplicado."[11]

La mente es comparativa y sirve para distinguir un objeto de otro, para discernir acerca de varios temas, para razonar y ver el pro y el contra; pero para asuntos de carácter espiritual, debe estar abierta para poder captar algunas cosas que nada tienen que ver con el mundo tridimensional. Hay otro ejemplo en la película Jesús de Nazaret, cuando Judas le propone al Mesías aprovechar la oportunidad por el poder que tiene y Jesucristo le contesta: *"Judas: no es la mente, es el corazón"* dándole a entender que el ideal es cultivo de la sensibilidad. El alma es —en verdad— lo que debemos elaborar en tiempo y espacio.

Nosotros, somos seres divinos por excelencia; *creadores y copartícipes de la Divinidad.* Tenemos un alma que comulga con lo humano, pero también con las cualidades superiores. Debemos cultivar las potencialidades que yacen en nuestro mundo interior.

Aquellos que han logrado elevarse por encima del común de la gente, lo han comprendido a cabalidad.

Los grandes prohombres: Moisés, Hermes Trismegisto, Buda, Platón Aristóteles, Jesús de Nazaret, Gandhi y muchos más, se dieron cuenta de que poseían su Daimon o ser interior el cual les guiaba.

---

[11]CRUZ González, Luis Bernardo. FRATERNIDAD ROSA-CRUZ ANTIGUA. Folleto mimeografiado. Conmemoración 60 aniversario de la fundación del aula "Hermes" Manizales. Enero 27 de 1996. Pág.3

Somos mucho más que seres humanos, tenemos cualidades que nos distinguen de los animales: voluntad, imaginación y verbo creador.

III

La tercera mariposa, es aquella que ha comprendido que su estado evolutivo no es el óptimo aún, y que depende de sí misma para luego volar por los aires, ya que su alma busca el infinito. Representa a quien posee una imaginación creadora relevante. Es deber nuestro, meditar largamente y tomar acciones para nuestra vida.

Esta mariposa, representa a quien tiene el poder de la imaginación creadora y de cuanto se puede obtener cuando se le desarrolla. Sus alas le concederán la magia de la libertad y con ella, podrá moverse armónicamente para libar la preciosa miel de cada flor. Sus movimientos encantarán a todas las criaturas y dejarán huellas indelebles en el aire; serán armónicos y sus travesías le permitirán conocer el placer de volar; mirar desde lo alto para posar amorosamente su mirada sobre otras criaturas que andan, reptan o se arrastran sobre la superficie al de la tierra; podrá contemplar las flores y probar el dulce néctar melífico. Su vuelo —suave como el del vilano— encantará. Volará, y en su vuelo adquirirá el conocimiento de seres diversos, y disfrutará al mirar a los débiles y a los fuertes y seguirá maravillada ante el vital espectáculo.

Esto, y mucho más alcanzará por el hecho de poseer alas. Obtendrá un estado más libre y sin duda alguna, más hermoso.

CAPÍTULO IV

COMPOSICIÓN DEL SER HUMANO

Para que podamos comprender —qué es en realidad la imaginación—, debemos saber antes, dónde se circunscribe tan maravillosa facultad.

Para entender realmente, se hace necesario hacer la siguiente división ternaria de la composición del ser humano:

1. Espíritu
2. Cuerpo
3. Alma

El espíritu, representa en sí mismo la *conciencia*.

El alma: *la sensibilidad*, cuyos canales son los cinco sentidos: *Vista, oído, olfato, gusto, y tacto,* conectados con los sistemas simpático y parasimpático.

Y el cuerpo, es la parte física, compuesta por los diferentes sistemas que veremos más tarde.

Y para poder llegar a vislumbrar qué es la imaginación creadora, es necesario conocer primero, cómo está compuesto el hombre.

Posee trescientos billones de células; el sistema nervioso central, tiene más de cien mil millones de neuronas—, aproximadamente cien millones de células son receptoras de luz en los ojos—, veinticuatro mil células son receptoras del sonido. El esqueleto ostenta doscientos dieciséis huesos, que le permiten soportar pesos y hacer diversos movimientos. Posee seiscientos músculos alrededor del sistema óseo. Nueve kilómetros de fibras nerviosas circundan al interior del sistema muscular y posee noventa mil kilómetros de vasos capilares.

Tiene once sistemas:

1. Sistema locomotor: formado por el esqueleto, las articulaciones y los músculos.
2. Sistema respiratorio: integrado por un conjunto de órganos situados en la cabeza, el cuello y el tronco y cuyas funciones son las de permitir la entrada y la salida de aire para intercambiar gases, para producir fonación (producción de la voz), para permitir la resonancia y a su vez para la olfacción (percepción de los olores).
3. Sistema digestivo: constituido por un conjunto de estructuras y órganos que están localizados en la cabeza, en el cuello y en el tronco y que permiten que podamos incorporar y procesar alimentos mediante el proceso de digestión, además de eliminar los desechos.
4. Sistema excretor o urinario que se encarga de filtrar el plasma de la sangre, para controlar el agua al interior y los electrolitos corporales, modular la presión arterial, formar y expulsar la orina. Está conformado por los riñones y sus conductos cuya función es eliminar los desechos del metabolismo,

5. regulación de la ósmosis, es decir el intercambio de líquidos y homeostasis que es un conjunto de fenómenos de autorregulación que llevan al mantenimiento de la constancia en las propiedades y la composición del medio interno de un organismo.
6. Sistema circulatorio: es un conjunto de sistemas cardiovascular y el linfático, que tienen como funciones el bombeo de la sangre de la cabeza a los pies.
7. Sistema hormonal o endocrino: Es un complejo de órganos llamados glándulas endocrinas que vierten sustancias denominadas hormonas a la circulación sanguínea para controlar la homeostasis, el desarrollo y el crecimiento, el comportamiento y la sexualidad.
8. Sistema nervioso: Es una amalgama de estructuras y órganos, constituidos por tejidos nerviosos que nos relacionan con el medio circundante, de elaborar las respuestas adecuadas, tener el control de las funciones orgánicas, mantener la homeostasis y mantener el comportamiento.
9. Sistema reproductor: Es un grupo de órganos, cuya función principal, es la de producir células sexuales femeninas y masculinas como los óvulos y los espermatozoides.
10. Sistema inmunológico: Está compuesto por órganos que se encuentran dispersos y difusos en los tejidos. Su función principal es la de reconocer estructuras y cuya finalidad es la de patrullar por el cuerpo y preservar la integridad.

11. Sistema hematopoyético: Es el sistema que se encarga de la producción de la sangre en el organismo y está compuesto por el plasma sanguíneo, los glóbulos rojos, los glóbulos blancos y las plaquetas.
12. Sistema tegumentario: Está constituido por la piel, los cabellos y las uñas.

Sin embargo, esta clasificación es incompleta, ya que todos los seres humanos poseemos un cuerpo de deseos, que nos permite desear y un cuerpo mental, que nos permite tener pensamientos; y a su vez, el pensamiento puede dividirse en: *pensamiento concreto* y *pensamiento abstracto.*

El pensamiento concreto, nos relaciona con la materia, facultándonos para clasificar los objetos, medir las distancias, comparar, entender sus cualidades como la altura, el color, la densidad y además nos faculta para razonar.

El pensamiento abstracto, nos capacita para formar idealizaciones y razonar sobre los problemas más abstrusos y complejos; deducir problemas matemáticos y entender otros de carácter filosófico.

El pensamiento abstracto, nos posibilita también para formar imágenes del entorno y llevarlas hasta nuestra conciencia individual, además de relacionarnos con la conciencia colectiva. Es aquí donde reside la imaginación creadora.

Ambas fuerzas: *el pensamiento concreto* y el *pensamiento abstracto*, están sostenidas por el poder de la palabra hablada: *el verbo*.

"Si solamente la mente es la que trabaja para darle vida, y realismo a la imaginación, ella será pobre y carente de movilidad, si es solamente el sentimiento la causa de la acción, no podremos tener control sobre ella, convirtiéndonos en pasivos esclavos de su poderoso dinamismo; en cambio si la palabra inteligente y de sentido espiritual consciente es la que enciende la llama de la imaginación, ella se convierte verdaderamente en un poder creador"[12]

En cuanto *más perfecta sea la imagen*, habrá más posibilidades de hacerla realidad.

En estos momentos de la humanidad, esta facultad es casi inexistente en los seres humanos, ya que en su mayoría predomina el pensamiento concreto.

Los grandes literatos, los escultores, los músicos, los poetas, los investigadores; aquellos que se dedican a realizar curaciones a distancia, los faquires, magnetizadores y los taumaturgos, son los grandes seres de avanzada de la humanidad.

"La imaginación creadora, es la historia de la humanidad." Todas las cosas que nos rodean fueron inicialmente imaginadas para hacerse realidad posteriormente.

Esta facultad ha sido utilizada efectivamente por unos cuantos. Todo lo que nos rodea: nuestros elementos básicos, o fundamentales, nuestros vestidos, nuestros enseres, nuestras casas o edificios, los vehículos que nos permiten transportarnos, las calles y

---

[12] ROJAS, Romero Israel. Logo Sophia. Octava edición. 15 e3 junio de 1988. CET Artes Gráficas. Colombia. D.E. Pág.116

carreteras, las máquinas que utilizamos, nuestros sistemas de comunicación, los libros que leemos, los hieroglifos, las obras de arte, la música que escuchamos; *todo, absolutamente todo pasó antes por la imaginación de otros seres* y han logrado plasmarlo luego y hacerlo realidad posteriormente.

El Génesis, uno de los libros sagrados de la biblia dice con respecto a la creación del ser humano: *"Hagamos al ser humano a nuestra imagen y semejanza. Que tenga dominio sobre los peces del mar, y sobre las aves del cielo; sobre los animales domésticos, sobre los animales salvajes, y sobre todos los reptiles que se arrastran por el suelo"*[13]; de lo cual debe deducirse que nosotros, los seres humanos poseemos la *capacidad de dominio* sobre los demás seres, mediante el uso del *verbo* y de la *imaginación creadora.*

Como es necesario comprender los resortes de tan extraordinaria maquinaria, y llevar a la conciencia individual cuál es el proceso, cómo funciona, porqué y para qué, vamos a hacer algunas precisiones necesarias.

En cualquier creación de carácter físico o de carácter espiritual se hace imprescindible la intervención de dos polaridades complementarias y una fuente que los alimenta.

El átomo, está constituido por protones y electrones. Los protones, tienen carga positiva y los

---

[13] BIBLIA DE AMÉRICA. 4ª. Edición. La casa de la biblia. 1999.Génesis 1:26

electrones carga negativa, pero ambos poseen energía de carácter atómica.

En lo que concierne a la creación de un nuevo ser, se hace necesaria la intervención de dos gametos: uno positivo y otro negativo, que corresponden al espermatozoide y al óvulo; ambos polos para producir un nuevo ser deben poseer el fuego del afecto.

En química, el catión tiene carga positiva y el anión, carga negativa. Para la conjunción de ambas polaridades, debe estará presente una energía que permita la fusión de ambos polos.

El polo positivo, es la imagen concreta y el polo negativo es la imagen abstracta, pero deben estar alimentadas por el verbo o vibración, que es creador como lo cita el espiritualista Israel Rojas:

> *"La imaginación creadora, está siempre animada por el poder de la palabra hablada. La organización y desarrollo de este sutil vehículo que es como la flor de la mente concreta, relacionando su aroma con el sentir, es lo más importante como necesario para el alcance espiritual.*
>
> *Este vehículo intermedio tiene dos polos: el pensamiento concreto hacia la forma, y el sentir abstracto hacia el espíritu; estas dos fuerzas son alimentadas por el poder del verbo.*
>
> *Si solamente la mente es la que trabaja para darle vida y realismo a la imaginación, ella será pobre y carente de movilidad; si es solamente el sentimiento la causa de su acción, no podremos tener control sobre ella, convirtiéndonos en*

pasivos esclavos de su poderoso dinamismo; en cambio, si la palabra inteligente es la que enciende la llama de la imaginación, ella se convierte verdaderamente en un poder creador." [14]

[14] ROJAS Romero Israel. Logo Sophia. Octava edición. 15 de junio de 1988. CET Artes Gráficas. Colombia. D.E. Pág. 116

CAPÍTULO V

BREVE HISTORIA

> *"La imaginación es la verdadera historia del mundo."*
>
> *Roberto Juarroz*

La imaginación, ha venido desarrollándose a través de millones de años desde que el ser humano puebla el planeta tierra—, y utilizándola—, quizá de manera inconsciente, pero con gran eficacia.

Y si hacemos un análisis sucinto, descubriremos que la aserción de Roberto Juarroz, de que *"la imaginación es la verdadera historia del mundo",* es cien por ciento real, ya que cuanto podemos percibir a través de nuestros sentidos, es producto de *algún ser, o de algunos seres* que han imaginado las cosas existentes; pero también los procesos mentales, nuestra contextura física y nuestro animismo, *proceden de nuestro acto maravilloso de imaginar.* La imagen siempre antecede a la creación de cualquier objeto, ser, o estado físico, mental o espiritual; esto presupone que cualquier ente u objeto, emergió de la imaginación de alguien, aunque también debe considerarse que hay creaciones colectivas, uno de cuyos ejemplos son los arquetipos.

No es de extrañar que algunas creaciones antiquísimas, nos parezcan obsoletas, pues fueron creadas en determinado instante para llenar unas necesidades urgentes y ahora se vean relegadas al olvido, o son cambiadas por algunas más modernas y contemporáneas, y otras permanezcan a través del tiempo.

Si se analiza a profundidad esta aseveración, nos daremos cuenta de que en verdad así es.

Cuando observamos las civilizaciones que nos precedieron a través del tiempo, hallamos un hilo conductor, que nos da la certeza de que, en el camino recorrido la humanidad ha venido progresando física, mental, y espiritualmente mediante el uso inconsciente, o consciente de ella.

Los seres humanos han avanzado a pesar de las guerras, de las enfermedades, de los fenómenos atmosféricos tales como terremotos, inundaciones, ciclones, erupciones volcánicas y de exposiciones al fuego; sin embargo, la tenacidad, la constancia, la fortaleza y la fe, le han permitido permanecer y construir grandes ciudades. Se han creado murallas, diques, canales, caminos, carreteras, puentes, y edificaciones; y se ha logrado relacionar con sociedades alejadas y comunicarse de manera efectiva, apoyándose unos a otros, todo ello con el auxilio de tal facultad.

En el actual momento, los seres humanos viajamos hacia satélites naturales y hasta los planetas más cercanos en nuestro sistema solar, y nos espera aún la conquista de otros mucho más alejados.

En cuanto a la educación, los alcances han sido considerables, pues todo el acervo ancestral se ha ido fortaleciendo con nuevos descubrimientos en todos los órdenes y lugares del mundo, compartiéndolos después con otros congéneres, y haciéndoles sustantivas mejoras para el bien común.

En el aspecto científico, vale la pena destacar que se han logrado nuevos hallazgos mediante el sistema ensayo-error, y se han comprobado innumerables hechos que han sido la base para el desarrollo ulterior.

Con respecto al arte; desde los inicios de la humanidad, han quedado huellas en muchos los lugares del mundo, que nos han servido para reconocer que *la sensibilidad, la imaginación y la creatividad,* han existido desde los mismos orígenes y sin duda alguna seguirán su rumbo triunfal.

Es entonces de admirar al género humano y su camino evolutivo, aparentemente lento, pero seguro y el de sus facultades que se harán cada día más sobresalientes.

Al ser humano le espera la unificación con el Ser Creador, para absorberse en él.

No es labor de años, ni de siglos, sino de millones de años, pero vale la pena conocer que esta facultad tan extraordinaria —la imaginación creadora—, le guiará hacia el éxito.

Los conocimientos contenidos aquí han sido expuestos por seres que nos aventajan y que han querido dejar huellas indelebles para que las sigamos.

No debemos despreciar tan valiosas enseñanzas. Ellas son como un alcázar al que un día llegaremos. Algunos lo harán antes que otros, otros un poco más tarde, pero en cuanto menos demoremos en usarlas y aplicarlas —sin duda alguna— podremos alcanzar estados de perfeccionamiento mayores.

CAPÍTULO VI

DESEO E IMAGINACIÓN

En nuestros años mozos, creímos *a pie juntillas* el adagio popular que decía: *"querer es poder"*. Decidimos, entonces darnos a la práctica. Anhelábamos ganar cada competencia que iniciábamos con los compañeros, poseer dinero ya que teníamos muy poco, elevarnos en la escala social, ganar todos los exámenes en la escuela, en el colegio de secundaria, en la universidad; es decir: triunfar absolutamente en todo cuanto emprendíamos

Afortunadamente, tuvimos ocasión de oír cuando apenas éramos niños, las narraciones de un maestro de escuela, quien nos tocó las fibras íntimas de nuestro ser, pero sin entender a cabalidad su significado oculto; posteriormente, ya adultos, llegaron a nuestras manos algunos libros de carácter espiritualista que nos hicieron meditar seriamente y comprender que el solo deseo de obtener algo no es suficiente.

He aquí el precioso texto al que nos referimos:

> *"La mayor parte de los psicólogos han sostenido que el hombre es lo que quiere ser; y así la famosa frase: «querer es poder» anda de boca en boca como un evangelio, imaginando que en el querer está la clave de todas las transformaciones. Pero analizando el aspecto psicológico de la*

humanidad en sus diferentes modalidades de actividad, vemos que esto no es verdad. Hay personas que siempre están queriendo y sin embargo no les es posible realizar su ansiado deseo. Estas personas acaban por convertirse en seres pesimistas, pierden la confianza en sí mismos, el desaliento se apodera de sus mentes y luego se les ve entristecidos cargando con un fardo enorme de descontento y desilusión.

El hombre no es, lo que quiere ser. El hombre es lo que cree ser.

Creer, tener confianza absoluta en la realización de nuestros ideales, es crear una fuerza poderosa suficiente para vencer los más fuertes obstáculos que puedan presentarse en nuestro camino.

Los obstáculos son para la voluntad creadora, la base fundamental del éxito.

Creer, imaginar, no es desear; el deseo es negativo, el deseo carece de afirmación y por lo tanto de poder. El poder está en la convicción, en la afirmación decidida de que ya poseemos aquello que nos falta.

Todo el mundo desea salud, y a pesar del deseo, parece que a la humanidad, en el estado actual, le interesa más estar enferma, raro es el individuo que siempre afirma estar bien de salud. Hay un estado mental muy negativo en este sentido, que es necesario combatir. Quien desee siempre estar sano, debe cuidar su estado mental, no dando cabida a ninguna idea de enfermedad.

«Tal como el hombre piensa, así es» Si queremos gozar de perfecta salud. Imaginémonos en posesión de ella, pensemos en salud, respiremos salud, comamos salud e irradiemos salud, pero tengamos en cuenta que: «toda intención que no se manifiesta por actos, es una intención vana, y la palabra que la representa, una palabra ociosa. Es la acción la que demuestra la vida y es también la acción la que manifiesta y comprueba la existencia de la voluntad»

Al través de la imaginación se realizan todas las transformaciones, tanto en el sentido espiritual como material.

La evolución puede considerarse como el impulso volitivo que perfecciona el ideal."[15]

---

[15] ROJAS ROMERO, Israel. Espiritualismo y la evolución. Imprenta Departamental de Caldas. 1936. Págs. 73,74.75.

CAPÍTULO VII

INFLUJO DE LA FE Y EL AMOR

Es necesario añadir al proceso de concreción de la imagen, que los más poderosos teúrgos de todos los tiempos—, incluyendo a Jesús de Nazaret—, fortalecían las imágenes con dos eficaces fuerzas: *la fe* y *el amor*.

"¡Cuándo aprenderán los hombres a reconocer que si la gran religión inculca tan rígidamente la necesidad de la fe, es porque ella solamente guía a la vida futura! Sin fe no hay nada excelente en la tierra... La creencia en algo más sabio, más feliz, más divino de lo que vemos en este mundo, es lo que los artistas llaman el ideal y los sacerdotes la fe. El ideal y la fe son una misma cosa"[16]

Al igual que la imaginación, el amor y la fe, han sido desdeñadas por la mayoría de la humanidad—, ya que nos hemos vuelto razonadores—, y la razón es comparativa, y solo sirve para encontrar diferencias, además actúa en tres dimensiones, en cambio la fe va más allá de lo puramente visible:

El mismo Jesús de Nazaret se refería a ella de la siguiente manera:

---

[16]LYTTON Sir Edward Bulwer. Zanoni. Ediciones Eisa. Aptdo. 2343 Biblioteca orientalista. México D.F. Págs. 514,515.

"Todas las cosas son posibles para el que cree." Marcos 9:23

"Puedes irte —le dijo Jesús—; tu fe te ha sanado. Al momento recobró la vista y empezó a seguir a Jesús por el camino." Marcos 10:52

"¿Por qué tenéis miedo? ¿Aún no tenéis fe?". (Mc 4:37-41).

> *"Entrado en Cafarnaúm, le salió al encuentro un centurión, que le imploró: Señor, mi siervo está en casa, en cama, paralizado y sufre terriblemente. Jesús le contestó: Iré y le curaré. Pero el centurión repuso: Señor, no soy digno de que entres bajo mi techo, pero di una sola palabra y mi siervo se curará... Escuchándolo, Jesús se maravilló y dijo a los que le seguían: En verdad os digo, en Israel no he encontrado una fe tan grande... Y dijo al centurión: Ve y que te ocurra como has creído. En aquel instante el siervo se curó".* (Mt 8 5-13).

La *fe* es la certeza de que existe algo que presentimos pero que no lo hemos visto aún.

El insigne psicólogo norteamericano Orison Swett Marden, en su obra El poder del pensamiento, expresa lo siguiente acerca de esta virtud:

> *"El más eficaz antídoto del temor es la confianza, que ensancha el ánimo, vivifica el organismo y acrecienta el vigor mental.*

El temor estraga la imaginación con sus horribles pinturas de todo linaje de calamidades. El temor mira hacia abajo y presiente lo pésimo; la fe mira hacia arriba y anticipa lo óptimo. El temor augura el fracaso; la fe predice el éxito. La mente dominada por la fe no teme la desgracia ni la pobreza; la duda huye de la presencia y se sobrepone a la adversidad. La fe alarga la vida, porque ni roza ni consume y allende las transitorias turbulencias y discordias, ve lucir la paz como el sol tras las nubes. Sabe que las cosas sucederán al fin y al cabo en derechura, porque ve la meta que los ojos corporales no alcanzan a ver.

Firmísima fe tuvieron cuantos disfrutaron de larga vida, al paso que el temor, con sus compañeros de ansiedad y el tedio, aniquilan las fuerzas productivas del hombre.

Por grave que sea nuestra necesidad, poneos en manos de la fe sin preguntar cómo, porqué y cuándo ha de llegar la satisfacción. Haced cuanto esté de vuestra parte y afirmaos en la fe, que es el gran taumaturgo de todos los tiempos.

Hemos de creer en la sabiduría, omnipotencia y bondad infinitas del Infinito Dios que gobierna el universo y lo conduce hacia la perfección final, en que realizado su plan, la discordancia se transmute en armonía, la verdad prevalezca contra el error y la raza humana alcance el soberbio y esplendente grado de evolución a que todas las cosa propenden, por contradictorias y antagónicas que nos parezcan."[17]

En su connotada obra Zanoni, de Sir Edward Bulwer Lytton, se le aconseja a Viola.

"¿Puedes imaginarte que tu presencia en la tierra dará a los corazones que amas el amparo que el más humilde recibe de las alas de la presencia que vive en el cielo? No temas por tu futuro. ¡Tanto si vives como si mueres, su porvenir está al cuidado del Todopoderoso! ¡Así en el calabozo como en el cadalso está fija la eterna mirada del que es más tierno que tú para amar, más sabio para dirigir y más poderoso para salvar!"[18]

Pero existe además otra fuerza interior que refuerza la imaginación creadora: *El amor.*

"¡Allí estaba realmente la imagen y la personificación del amor, que puede atravesar el valle de las sombras y deslizarse por las sendas del cielo desde sus negros abismos del infierno!"[19]

¡Eso es así exactamente…! El amor es una fuerza indestructible. Bien lo dice Salomón en El cantar de los cantares: *"No apagarán el amor ni lo ahogarán océanos ni ríos"*

¡Quien ama lo que hace, triunfa indefectiblemente!

---

[17] MARDEN Orison Swett. El poder del pensamiento. Obra citada Págs. 143-145.

[18] Bulwer Lytton. Zanoni. Obra citada. Pág. 536

[19] Bulwer Lytton. Zanoni. Obra citada. Pág. 556

El amor es el aspecto unitivo. El universo mismo es el mejor ejemplo de amor y de armonía. El amor es una fuerza que da cohesión a los átomos; una fuerza electromagnética. Es tan poderosa que la ciencia, al romper los enlaces, mediante la colisión de los átomos, ha producido la bomba atómica.

Esa misma fuerza —el amor— es la que hace posible la coexistencia armónica de todos los planetas, soles, estrellas y galaxias con movimientos acompasados y rítmicos.

Y con respecto a este elevado sentimiento, escribe Gaspar Núñez de Arce:

AMOR; ABRAXAS

¡Oh, eterno Amor, que en tu inmortal carrera,
das a los seres vida y movimiento;
con qué entusiasta admiración te siento,
siempre sensible, palpitar doquiera!

Eternamente tuya, la creación entera
Se estremece y anima con tu aliento;
y es tu grandeza tu grandeza tal, que el pensamiento
te proclamara Dios, si Dios no hubiera.

Los impalpables átomos combinas,
Con tu soplo magnético y profundo;
tú creas, tú transformas, tú iluminas,
y en el cielo infinito, en el profundo mar,
en la tierra atónita dominas,

¡AMOR, eterno AMOR, ANIMA MUNDI![20]

Agrega Franz Hartmann, citando a Paracelso, que la imaginación no es suficiente, ya que se necesita ejercer —además—, una firme voluntad de acción; con lo cual vamos aunando los valores necesarios para potencializar la imaginación creadora.

> *"El hombre visible tiene su laboratorio (del cuerpo físico), y allí trabaja el hombre invisible. El sol tiene sus rayos, los cuales no es posible coger con las manos, y que sin embargo, son bastante fuertes (si se reúnen por medio de una lente) para incendiar edificios. La imaginación en el hombre es como un sol: obra dentro de su mundo doquiera que luzca. El hombre es lo que piensa. Si piensa fuego, está ardiendo; si piensa guerra, está guerreando. Por el poder del pensamiento la imaginación se convierte en un sol" ("De virtutis imaginativa", V) La imaginación se fortalece por medio de la voluntad, y la voluntad se vuelve potente por medio de la imaginación. Cada una de las dos es la vida de la otra, si se unen y se identifican, constituye un espíritu vivo al cual nada inferior resiste. En los ignorantes y en los recelosos, en los que no se conocen su propia mente y dudan del éxito —y, por tanto, en la mayor parte de los experimentos que se hacen con el*

[20] ROSA-CRUZ DE ORO. Revista. Fraternidad Rosa-Cruz Antigua. Año IXX. Agosto de 1977. No. 111. Bogotá. Colombia. Pág. 10.

objeto de satisfacer una curiosidad científica o con algún propósito egoísta— la voluntad y la imaginación no son una, sino que obran en dos direcciones diferentes. Si miramos con un ojo al cielo y con el otro a la tierra, o si miramos con uno al restablecimiento del enfermo y con el otro a los beneficios, conocimientos o fama que la curación nos puede reportar, no hay unidad de motivo o propósito, y por consiguiente, falta la condición principal para el éxito. El médico deseoso de emplear tales medios ha de ser por tanto de carácter tan noble que ninguna consideración egoísta sea capaz de afectarlo, y no tener ninguna otra intención que la de cumplir con su deber de conformidad con los mandamientos del amor divino.

Sólo aquello que procede del corazón va al corazón: el poder que procede tan solo del cerebro no tiene efectos a menos que se una con el que procede del corazón."[21]

De aquí, podemos concluir que para hacer poderosa la imaginación creadora, es necesario tener: *fe, amor* y *una voluntad inquebrantable.*

[21] HARTMANN Franz. Ciencia oculta en la medicina. Obra citada. Págs. 126,127

CAPÍTULO VIII

EL IDEAL EN LA IMAGINACIÓN CREADORA

"Los ideales se parecen a las estrellas en el sentido de que nunca los alcanzamos, pero como los navegantes, con ellos dirigimos el rumbo de nuestras vidas."

Albert Schweitzer

Todo ser humano que desee avanzar a pasos rápidos por la senda de la vida, debe tener un derrotero, una bitácora de viaje, *un ideal* por qué luchar. No es posible marchar sin rumbo definido. Quien anhele tocar un instrumento, debe por ley forjar en su mente con los más finos pinceles la imagen de artista, y proponerse hasta lograrlo. No en vano se alcanza la gloria sin haber tenido imagen clara de cuanto pretendemos alcanzar.

Para llegar a realizar cualquier obra por pequeña que sea, es necesario tener el ideal definido. No se alcanza una estrella sin haberla visualizado antes. Cristóbal Colón jamás hubiera descubierto a América sin haber soñado con un mundo nuevo y haber desafiado el pensamiento de que la tierra era plana. Su resolución por comprobarlo, le llevó hasta hacer contacto con otras culturas y pisar tierras aún ignoradas para sus congéneres.

Es necesario tener un elevado ideal e ir tras él, aunque los demás lo ignoren. Hay que vislumbrar primero en nuestro corazón cuanto consideremos que tiene gran valía.

Beethoven, Bach, Tchaikovsky, Haydn, Mozart, Paganini, Wagner, y todos los grandes músicos, previamente oían las obras musicales en su mente antes de llevarlas al papel, e interpretarlas.

Antes de que se manifieste idea alguna, el creador debe vislumbrar el arquetipo de la idea buscada, y lograr que ese arquetipo pueda hacerse realidad.

En canto, existe aún antes de que surja de la garganta del pájaro; pero la sensibilidad de él, es la que logra que emita su hermosa tonada, y para ello debe afinar su aparato fonatorio y ponerle el adecuado sentimiento.

El ideal es la luz antes de que el ojo la perciba, es la voz misteriosa que se concretará en poesía, la etérea imagen que luego será pintura, el torso femenino que sin haber sido cincelado será escultura, el sueño que se hará realidad posteriormente. Él está ahí como imagen divina antes de ser manifestada. Es la matriz de cuanto se convertirá en realidad tangible para los sentidos, y que el artista ve en su fecundo ensueño. Es el ángel divino que susurra al oído del santo las melíficas palabras que abrirán sus mortales ojos y que le permitirán vislumbrar otro mundo más elevado y más perfecto.

Es el fuego maravilloso que arde en el corazón como flama misteriosa y divina. Es el perfume que se siente antes de ver la flor de la cual emana. Es la voz silenciosa que todo lo conoce y que habla tan solo a nuestro corazón.

Es el invisible alcázar al cual nos dirigimos quizá sin darnos cuenta, pero que nos habla con la voz de la verdad, de la belleza y del bien. Es el mago que anida en nuestro interior, e ilumina nuestro camino de perfección y que invisible nos conduce de la mano hacia otros mundos llenos de luz.

Es la imagen que se esconde en el árbol antes de ser tallada. Es la luz espiritual que emana del corazón de cada estrella, pero que es intangible a nuestros burdos sentidos y que el poeta descubre en sus elucubraciones. Es el amor que anida en todo cuanto existe pero que nuestros ojos mortales no pueden captar, y que nuestro corazón percibe con su santo ardor.

Él está ahí, esperando a que nuestra alma; nuestro Divinum Sensorium, o —sentido divino—, lo descubra y que vayamos tras él para renovar nuestra vida y hacernos divinos y perfectibles.

José Ingenieros, en su libro El hombre mediocre, define el ideal.

> "Cuando posees la proa visionaria hacia una estrella y tiendes el ala hacia tal excelsitud inasible,

afanoso de perfección y rebelde a la mediocridad, llevas en ti el resorte misterioso de un ideal. Es ascua sagrada, capaz de templarte para grandes acciones. Custódiala, Si la dejas apagar no se reenciende jamás. Y si ella muere en ti, quedas inerte; fría bazofia humana. Sólo vives por esa partícula de ensueño que te sobrepone a lo real. Ella es el lis de tu blasón, el penacho de tu temperamento. Innumerables signos la revelan: cuando se te anuda la garganta al recordar la cicuta impuesta a Sócrates, la cruz izada para Cristo y la hoguera encendida a Bruno; cuando te abstraes en lo infinito leyendo un diálogo de Platón, un ensayo de Montaigne o un discurso de Helvecio; cuando el corazón se te estremece pensando en la desigual fortuna de esas pasiones en que fuiste, alternativamente, el Romeo de tal Julieta y el Werther de tal Carlota, cuando tus sienes se hielan de emoción al declamar una estrofa de Musset que rima acorde con tu sentir, y cuando en suma, admiras la mente preclara de los genios, la sublime virtud de los santos, la magna gesta de los héroes, inclinándote con igual veneración ante los creadores de Verdad o de Belleza.

Todos no se extasían, como tú, ante un crepúsculo, no sueñan frente a una aurora o cimbran en una tempestad, ni gustan de pasear con Dante, reír con Moliere, temblar con Shakespeare, crujir con Wagner, ni enmudecer ante el "David", la "Cena" o El Partenón. Es de pocos esa inquietud de perseguir ávidamente alguna quimera, venerando a filósofos, artistas y pensadores que fundieron en síntesis supremas sus visiones del ser y de la eternidad, volando más allá de lo real. Los seres de tu estirpe cuya imaginación se puebla de ideales y cuyo sentimiento polariza hacia ellos la personalidad entera, forman raza aparte en la humanidad: son idealistas."[22]

"El alma edifica lo que se le ha enseñado a esperar. Los anhelos de nuestro corazón y las aspiraciones de nuestra alma son algo más que sueños vanos o quimeras de la fantasía, puesto que, en verdad, son vaticinios, predicciones, heraldos y mensajeros de futuras realidades. Indican nuestra potencialidad anímica y miden la alteza de nuestro propósito y la categoría de nuestro valor moral.

Lo que ardientemente anhelamos, y en conseguirlo ponemos todo nuestro esfuerzo, se convierte tarde o temprano, en realidad. Nuestros ideales son el boceto de futuras acciones, la esencia de lo que esperamos.

El escultor sabe que su ideal no es quimera de su fantasía, sino pronóstico de lo que esculpirá en el mármol.

En cuanto empezamos a desear una cosa con todo el anhelo de nuestro corazón, nos

[22] INGENIEROS José. El hombre mediocre. Editorial Cometa de papel. Medellín. Colombia. 1977. Págs.5, 6.

relacionamos con ella según la intensidad y perseverancia de nuestro anhelo y el inteligente esfuerzo para conseguirlo. El inconveniente está en que nos apegamos demasiado a la materialidad de la vida, sin atender suficiente a su idealidad, cuando debiéramos aprender a vivir mentalmente en el ideal cuya realización anhelamos. Por ejemplo, si queremos mantenernos jóvenes hemos de vivir en estado mental de juventud, y si queremos ser bellos, en el de belleza.

La ventaja de vivir en el ideal es que con ello eliminamos toda imperfección física, mental y moral, sin que podamos imaginarnos la vejez, porque la vejez equivale a insuficiencia y decaimiento, incompatibles con el ideal.

En el ideal todo es juvenil y bello, sin la más mínima sugestión de vejez y fealdad, y por tanto, la costumbre de vivir en el ideal nos será de maravilloso auxilio para darnos un perpetuo dechado de la perfección que nos esforzamos en alcanzar e infundirnos fe y esperanza en nuestro ulterior destino, cuya realidad vislumbramos tal como la sentimos.

La costumbre de pensar en las cosas y afirmarlas como quisiéramos que fuesen o como deben ser, da el convencimiento de que nada bueno ha de faltarnos, porque somos hijos de Dios. Hemos de mantener de continuo en nuestra mente el ideal de *cómo* quisiéramos ser. Si alimentamos pensamientos de vigor y robustez, al instante sofocaremos toda imagen de flaqueza y morbosidad. No os detengáis jamás en lamentaros de vuestras debilidades, deficiencias o fracasos. Mantened firmemente el *ideal* y recibiréis valioso auxilio en vuestra denodada lucha por realizarlo.

Formidable poder entraña el hábito y de esperar y creer que se han de cumplir nuestros anhelos y realizarse nuestros sueños; y si sabemos mantenerlo, suceda cuanto quiera, acabaremos por vencer y lograr la apetecida felicidad.

Nada tan valedero como esta optimista y esperanzada actitud mental que siempre confía en lo mejor y más dichoso, sin entregarse jamás al pesimismo ni caer en el desaliento.

Creed firmemente que haréis cuanto os propongáis hacer, sin dudar ni por un instante del cumplimiento de vuestra obra; y si acaso os asalta la duda, rechazadla al punto de la mente. Repeled todo pensamiento hostil y toda disposición desalentadora que puedan sugeriros ideas de fracaso e infortunio.

En cuanto os propongáis hacer o queráis ser, adoptad siempre una actitud esperanzada y optimista con relación a vuestro objeto, y os sorprenderá ver cómo se intensifican vuestras facultades y se vigoriza vuestra voluntad.

Cuando la mente ha contraído ya el hábito de forjar imágenes de prosperidad y dicha, no será fácil que caiga en el opuesto vicio. Si a los niños se les acostumbrase a levantar siempre el pensamiento, muy luego veríamos en altísimo grado el nivel de la civilización y mejorada en extremo nuestra conducta. Una mente así educada estaría en perpetua condición de utilizar su potencia máxima y sobreponerse a la discordancia, la animosidad y demás enemigos de nuestra paz y bienestar.

El mejor capital para emprender el negocio de la vida, es el habitual pensamiento de que todo ha de sucedernos de conformidad con nuestros legítimos anhelos y que hemos de cumplir alguna obra útil en su transcurso.

Siempre estamos en camino de realizar lo que persistentemente nos representamos, aunque nos parezca improbable y aun imposible. Si de continuo imaginamos el ideal, lo que quisiéramos tener en nuestra vida, ya robusta salud, noble carácter o brillante posición, nos será mucho más fácil lograrlo si nos lo representamos en la mente con la mayor viveza posible y ponemos de nuestra parte los medios necesarios para llegar al fin.

Muchas gentes dejan morir sus anhelos y aspiraciones, sin percatarse de que la intensidad y persistencia del anhelo acrecienta su poder para realizarlo. El constante esfuerzo en mantener vivas las ansias acrecienta la capacidad de plasmar la imagen mental; pero se desvanecerá inútilmente toda aspiración que no vaya acompañada del necesario esfuerzo para lograrla. Tan solo es efectivo el anhelo cuando cristaliza en resolución.*"*[23]

[23] Marden Orison Swett. El poder del pensamiento. Obra citada. Págs. 21-25.

CAPÍTULO IX

PURIFICACIÓN DE LA IMAGINACIÓN CREADORA

ORÁCULO DE DELFOS

"Te advierto, quien quiera que fueres,

¡Oh! tú que deseas sondear los arcanos de la naturaleza, que si no hallas dentro de ti mismo aquello que buscas, tampoco podrás hallarlo fuera.

Si tú ignoras las excelencias de tu propia casa, ¿Cómo pretendes encontrar otras excelencias? En ti se halla oculto el Tesoro de los Tesoros.

¡Oh! Hombre, conócete a ti mismo y conocerás al Universo y a los Dioses"

La imaginación representa una extraordinaria facultad del género humano que debemos elaborar—, ya lo habíamos expresado anteriormente— o educir con nuestra ingente labor. Nada se nos es dado si no lo buscamos. Cada pensamiento, cada acción, tiene efectos; al igual que cuando lanzamos una pelota con determinada velocidad, hay una energía de propulsión que le hemos imprimido e indudablemente tendrá una trayectoria y un desplazamiento determinados. No nos podemos engañar.

Para poder llegar a adquirir una imaginación efectiva y poderosa, se hace necesario liberarnos de los males que la contaminan; pues como dice Israel Rojas: *"La imaginación es una de las más prodigiosas cualidades que posee el ser humano, pero en el actual estado de evolución, si esta facultad existe en algunos, está impregnada de malicia, de soberbia, y de humanas pasiones, sin saber ya, que si hay imágenes que esclavizan, las hay del polo ideal que embellecen y ennoblecen la vida"*[24]

Se hace necesario, entonces, iniciar una purificación de todos nuestros deseos, pensamientos y sentimientos, para obtener una poderosa imaginación.

> *"Si eres capaz de mantener la verdadera actitud; si puedes encontrar y guardar el verdadero equilibrio central de la Divina Imagen dentro de ti, todo marchará bien y no olvides que si aprendes a controlar y gobernar las fuerzas atómicas de que se compone tu ser, podrás igualmente controlar y gobernar todas las fuerzas atómicas que existen dentro de tu esfera de acción. Esto te proporcionará lo que los ignorantes llaman «poder milagroso»; pero no se trata de milagros. Ello se debe nada más que a la actitud del Espíritu que gobierna la materia. Te encontrarás no solamente capaz de gobernar tus propias fuerzas sino que también podrás extraer de la Naturaleza*

[24] ROJAS Romero Israel El sentido ideal de la vida. Tercera edición. Tipografía y litografía Hispana. 1978. Bogotá. D.E. Colombia.

nuevos elementos de vida. El aire, la luz solar, los árboles, las flores, te suministrarán todo lo que ellos pueden dar, y nada te será rehusado"[25]

Y para corroborarlo, Israel Rojas agrega de nuevo: *"Sin imaginación sublimada y debidamente adiestrada, al hombre le queda difícil si no imposible, la comprensión de los más insignificantes problemas. Y si no puede inteligenciar los más leves problemas de la existencia, menos podrá elevarse a la cuarta dimensión, que es la de la imaginación creadora donde ésta al comulgar con el amor se vuelve rey y señor, comprendiendo el pasado, sintiendo el presente y vislumbrando el porvenir."*[26]

En otra de sus obras, el mismo autor nos dice sobre el mismo tema: "*La imaginación es una espada de dos filos alimentada con imágenes morbosas, genera el mal; alimentada con bellas imágenes, es creadora del bien.*

Lo más grave del asunto, es que el diablo de las imágenes morbosas, es tan sutil, que penetra sigilosamente, sin que la mayor parte de los seres humanos se percaten de ello, hasta que las hace sus víctimas, envolviéndolos en el manto de su poderío fatídico. Todo ser humano, debe ser un atento guardián de su mente, para que no penetren en ella imágenes diabólicas de odio, envidia, celos, enfermedades físicas y

---

[25] CORELLI Marie. El castillo de Asélzion. Obra citada. Págs. 180,181.

[26]ROJAS Romero Israel. El sentido ideal de la vida. Obra citada. Págs. 141-142 Obra citada.

mentales, que son el lastre pesado de la pobre humanidad desorientada." [27]

La imaginación creadora debe ser preparada de antemano, así como la tierra debe antes de sembrarse, ararse y regarse.

Dice Sir Edward Bulwer Lytton al respecto: *"Así como hay una estación para la flor y otra para el fruto, así también hasta que la flor de la imaginación empieza a marchitarse, no se maduran en el corazón las pasiones que las flores predicen"*

---

[27] ROJAS Romero Israel. Viva sano. Editorial Hispana Ltda. Bogotá. Cuarta edición. Pág. 201

CAPÍTULO X

EL PODER DE LA VOLUNTAD

"Así, la voluntad, si es buena, dará plantas bellas; pero si es mala, las plantas serán dañinas."

Maximus Neumayer.

«"El ignorante camina tropezando, impotente, chocando con las leyes naturales inmutables, y viendo fracasar todos sus esfuerzos; mientras el hombre de saber, va metódicamente hacia adelante, previsor, despertando ciertos efectos, impidiendo otros, ajustando todas las cosas; realizando en fin, sus designios, no porque tenga «suerte», sino porque lo comprende todo.

"El uno es el juguete, el esclavo de la Naturaleza arrastrado por las fuerzas inmutables por acción de sus propios caprichos; el otro, es el señor de ellas, utilizando las energías cósmicas

para conducirlas hacia donde su voluntad determine.»[28]

Este texto es de un insigne médico y taumaturgo brasileño, que venció a la enfermedad, gracias a las prácticas naturistas y a la utilización de la imaginación creadora como él mismo lo afirma:

"En efecto: el poder de la voluntad, auxiliado por la imaginación, ha concurrido frecuentemente para el resultado prodigioso que obtuve con mi actual modo de vivir."[29]

El modo de vivir al que alude, es que se curó de todos los males que le aquejaban y que le tenían postrado en el lecho, a punto de morir y desahuciado por la ciencia médica ortodoxa.

El conocimiento de las leyes y de las fuerzas naturales que obran en la naturaleza, y que a su vez actúan por reflejo en el interior del cuerpo humano, debe ser la premisa de cada uno de nosotros para entender el funcionamiento del universo.

No es por demás que nos acerquemos a comprenderlas y a aplicarlas juiciosamente para nuestro bien, pues el único mal es el de la ignorancia, la cual no nos justifica ante la vida.

---

[28]NEUMAYER Maximus. Grandeza de la psicoterapia. Fraternidad Rosacruz. Colombia. Págs. 29,30.

[29] Maximus Neumayer. Fraternidad Rosa Cruz Antigua. Colombia. Obra citada. Pág. 70

Con respeto a esa fuerza motora, el taumaturgo añade de nuevo en su libro:

"La voluntad humana realizada por la acción, es semejante a una bala de cañón que no retrocede ante el obstáculo. Ella lo daña o se incrusta en él, y allí se pierde cuando es lanzada con violencia. Pero si se camina con paciencia y perseverancia, entonces es como la ola que siempre vuelve, hasta que acaba por gastar el fierro."[30]

> "«Voluntad» se deriva de *volo,* quiero, deseo; pero es por completo distinta de aquel deseo egoísta que resulta de las fantasías del cerebro. La verdadera voluntad es un poder fuerte que viene del centro (el corazón); en su aspecto superior es aquel poder creativo que dio existencia al mundo. Todas las acciones voluntarias e involuntarias en la naturaleza y en el organismo del hombre tienen su origen en la acción de la voluntad, sea que tengamos conciencia de ello o no.
>
> *«No sabéis una jota del verdadero poder de la voluntad.» (Paracelsus, «Paramir.*», I, IV, 8).
>
> En el plano físico, la voluntad funciona, por decirlo así, inconscientemente llevando a cabo ciegamente las leyes de la naturaleza, causando atracciones, repulsiones, guiando las funciones mecánicas, químicas y fisiológicas del cuerpo sin que la inteligencia del hombre tome parte en este

[30] NEUMAYER, Maximus. Fraternidad Rosa Cruz Antigua. Colombia. Obra citada. Pág. 69

proceso. El hombre mismo es una manifestación de voluntad, y la voluntad (espíritu) en él puede hacer muchas cosas sin depender de la actividad del cerebro, todo lo cual la fisiología moderna deja sin explicación, aunque no puede negar los hechos. Por ejemplo, un pianista hábil no necesita determinar primero qué movimiento debe imprimir a los músculos de sus dedos antes de tocar una tecla; sino que lo hace por instinto después de que su espíritu ha sido educado para ello. El arte del funámbulo, las suertes y ejercicios gimnásticos de todas clases son el producto de una voluntad educada, y sin ella serían imposibles. El intelecto puede vigilarlos, más no guiarlos su esfera de acción se limita a la del cuerpo en que mora.

En su aspecto superior la voluntad es un poder consciente, que se manifiesta como emociones, virtudes y vicios de varias clases. Su esfera de acción se extiende hasta la esfera de la influencia de la mente individual. Es así que la voluntad de un superior ejerce una influencia sobre las inferiores, un preceptor sobre sus discípulos, un general sobre su ejército, un sabio sobre el mundo.

En su aspecto supremo, la voluntad se manifiesta como un poder autoconsciente, capaz de obrar mucho más allá de los límites de la forma corpórea, de la cual procede, constituyendo, por decirlo así, un ser espiritual organizado e independiente que funciona bajo la dirección de la inteligencia de la persona de la cual procede. Por extraña que parezca esta aserción, es cierta sin embargo, y los fenómenos del «hipnotismo» ahora reconocidos, han dado la clave para comprender tales fenómenos. Una investigación en este asunto nos llevaría al dominio de la magia, espiritismo, brujería, hechicería, etc., etc."[31]

Finalicemos con el pensamiento de Albert Einstein: *"Hay una fuerza motriz más poderosa que el vapor, la electricidad y la energía atómica, la voluntad."*

[31] HARTMANN. Franz. Ciencia oculta en la medicina. Obra citada. Págs. 103,104

CAPÍTULO XI

LA CREATIVIDAD EN LA HUMANIDAD

La imaginación creadora, ha venido desenvolviéndose desde los inicios de la humanidad cuando empezó a adquirir conciencia de sí mismo y del entorno que le rodeaba. Su manifestación se dio cuando entendió que habitaba un planeta incipiente, con condiciones naturales adversas, las que debía domeñar, ya que, si no lo hacía, moriría inexorablemente. El cerebro que despertaba su actividad, le condujo a la adquisición de habilidades motrices y a estimular el sistema nervioso mediante la reacción ante las fuerzas inclementes de la naturaleza, y le condujo a la búsqueda de métodos de supervivencia.

Su mente despertó a la actividad y fue por ello que mediante el análisis de las condiciones en que se hallaba y de lo que debía obtener, la función comparativa se fue expandiendo y abriéndole mayores posibilidades; pero no sólo ocurrió esto, ya que su sentido de reverencia hacia lo desconocido, generó en su sensibilidad un deseo de expresar cuanto lo rodeaba; prueba de ello, fue el desplegar del arte rupestre; y ha continuado su desarrollo en las diversas civilizaciones del planeta. Basta mirar cómo en Grecia, en Egipto, en la India, en Perú, en

México, en Guatemala, en Bolivia, en Colombia, y en muchos lugares más del globo terráqueo, las diferentes culturas han querido legar a la posteridad sus manifestaciones artísticas y su conocimiento, en petroglifos, en los metales, en las construcciones megalíticas, en los papiros y en grandes monolitos.

La creatividad —facultad de la imaginación creadora—, es uno de los pilares fundamentales del desarrollo del género humano, y nos ha permitido conocer la evolución de los distintos pueblos del planeta tierra.

En los inicios de las primeras civilizaciones que habitaron la península ibérica, cabe destacar las pinturas maravillosas de las cavernas de Altamira y de Lascaux, donde se muestra la magnificencia de la estilización de las figuras de los seres humanos y de los animales que estaban en su entorno, pintadas en todo su esplendor, con hermoso colorido y la representación gráfica de escenas pastoriles y de caza, en conjuntos armónicos y bellamente realizados.

Sobrecoge el conocimiento de la figura humana y de la proporción, por lo que no podemos menos que congraciarnos con ellos y reconocer que no eran tan burdos y toscos como nos los han querido mostrar; pues quizá, eran mucho más espirituales de lo que creemos y tenían un íntimo contacto con la divinidad misma.

A través de la historia de la humanidad, podemos comprobar que esa cualidad o facultad extraordinaria, se ha venido manifestando en las diversas civilizaciones en todos los tiempos y culturas del planeta. Cabe mencionar como ejemplo, en el siglo de oro de los helenos:

Sorprende la armonía de las construcciones de: El Partenón, El Hereo, El templo de Zeus, El coloso de Rodas, El palacio de Atenea, y toda la estatuaria de la cultura griega con su canon de la medida áurea, la cual es equivalente a: √5+1/2= 1,618 *"representada geométricamente en el pentagrama, como aquella que existe entre el lado del pentágono (CD) y el de la estrella pentagonal (AB) inscriptos en el mismo circulo. Dicha proporción es también aquella que existe entre el diámetro de la base y el de la periferia de una legendaria copa de oro, de exquisita hermosura que había servido a los dioses. La misma regla tenía parte en la música griega, determinando gráficamente la proporción de las cuerdas, para que produjeran sonidos armónicos."*[32]

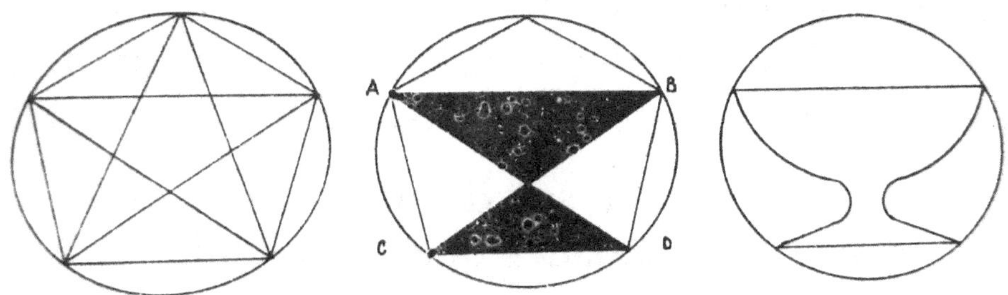

Representación de la medida aúrea

Pero no nos basta con analizar las obras tan solo de esta cultura, pues no sería correcto, ya que los asirios, los babilonios, los romanos, el imperio carolingio, los

[32] LAVAGNINI Aldo. Manual del caballero rosacruz. Editorial Kier s.a. Av. Santa Fe 1260, Buenos Aires. Pág. 137,

egipcios, los mayas, los incas, y muchas más que nos quedan por enumerar, nos han legado riquezas en sus monumentos, sino también en códices, libros y manuscritos; y en conocimientos astronómicos, en agricultura, orfebrería, metalurgia y tejidos.

La lista se hace tan extensa, que sería labor de muchos especialistas en cada una de estas modalidades del saber humano.

En todos los órdenes y conocimientos, el ser humano se ha destacado por ser *creativo, imaginativo* y *recursivo.*

Si pudiéramos analizarlo desde todos los puntos de vista, nos resultaría dificultoso, pero por el bien y por el conocimiento, hagamos el ejercicio:

Con respecto a la vivienda, desde las construcciones de las cavernas, a través del tiempo, se han venido creando cada vez edificios más seguros, más resistentes y más confortables, protegiéndonos del viento, del frío, del calor, de los movimientos telúricos y del agua.

En el campo de la salud, se han hallado vacunas contra diversas enfermedades que, en los inicios, mataron a miles de personas; se ha logrado cambiar partes corporales por elementos sintéticos y elevar la longevidad, y posibilitar a los infantes y a los ancianos una mejor calidad de vida.

En cuanto a la seguridad en las labores, se ha encontrado la manera de hacer más fácil el momento del parto y se han brindado todas las garantías a las madres gestantes para que sus hijos puedan disfrutar de bienestar en el vientre y después fuera de él.

Con referencia a las artes; el desarrollo de disciplinas variadas como la música, la pintura, la escultura, la literatura, el cine, la arquitectura, la danza, el teatro; no se puede desconocer que cada día se perfeccionan más, y permiten una mayor variedad y calidad, lo cual además, ha ocasionado la creación de lugares cómodos y mejor iluminados como: teatros, bibliotecas y museos de toda índole, y en todos los lugares del mundo para que se pueda apreciar los actos y ejecuciones, con mayor comodidad y acceder a una mayor cantidad de público en muchos idiomas diferentes.

De todo lo anterior, podemos concluir que *la creatividad, la recursividad y la utilización de la inteligencia y de la imaginación creadora* por parte de los seres humanos, nos ha permitido tener una vida más holgada, más tranquila y quizá más feliz; y lo único que falta, es hacer llegar todos los avances a una mayor cantidad de personas en los cinco continentes, pero no nos detendremos a seguir analizando las perspectivas, pues nuestra labor fundamental, es hacer que se reconozca el valor de la *imaginación creadora,* que ahora parece hallarse obnubilada por intereses de materialistas y seres que ocultan el verdadero conocimiento y esclavizan las mentes de jóvenes y adultos. Debemos utilizarla para el bien de todo género humano que es quien realmente nos interesa.

CAPÍTULO XII

LA CONCIENCIA, EL ALMA Y LA IMAGINACIÓN CREADORA

> *"El cultivo del alma es el cultivo de la imaginación creadora"*
>
> *Israel Rojas Romero*

La conciencia —tal como la hemos concebido— es el conocimiento que tenemos de las cosas en nuestro entorno y está directamente conectada con la imaginación que hemos desarrollado. A una conciencia física, corresponde una imaginación de carácter físico; a una conciencia más elevada de las causas reales, corresponde una imaginación más compleja, ya que, a cada nuevo estado de conciencia, equivale un nuevo estado imaginativo. Se hace necesario ir refinándola mediante una mayor sensibilidad. El alma, o —sensibilidad— debe ir actuando en nuestra interioridad, mediante la sutilización de los sentimientos. El deseo debe ser transformado en sensibilidad y la sensiblería en sentimiento.

"La conciencia y la imaginación son inseparables en su acción, siendo la imaginación el soporte o campo de acción donde actúa la conciencia. Así podemos sentar como axioma que, cuando la imaginación ha sido purificada por la creación de elevados ideales, la conciencia actuará también en este sentido; pero cuando la imaginación ha sido guiada por el egoísmo puramente personal y material, la conciencia actuará irremisiblemente en este mismo sentido.

Como se puede ver claramente, lo que hay que aprender a dirigir es la imaginación, y ella se encargará de perfeccionar el estado moral elevándolo gradualmente a su más alto nivel."[33]

De este precioso texto —debemos colegir— que el egoísmo debe ser transmutado en amor, y para hacerlo, el camino más expedito es el de *la contemplación de la belleza*.

El iluminado Ramón del Valle Inclán, nos dice en su Lámpara Maravillosa:

"¡Qué sagrado terror y qué amoroso deleite! Aquella tarde tan llena de angustia aprendí que los caminos de la belleza son místicos caminos por donde nos alejamos de

[33] ROJAS Romero Israel. El espiritualismo y la evolución. Imprenta Departamental de Caldas. Manizales. 1936. Págs. 82,83.

nuestros fines egoístas para transmigrar en el Alma del Mundo."[34]

Es este un camino más encomiable, más feliz, menos escolástico, más rápido y más seguro, a nuestro entender.

Y Jalil Gibran, plantea: *"Convierte a la belleza en tu religión y adórala como si fuese tu diosa, porque es la obra visible manifiesta y perfecta de las manos de Dios."*

---

[34]INCLÁN Ramón María del Valle. La lámpara maravillosa. ESPASA - CALPE ARGENTINA, S. A. BUENOS AIRES - ARGENTINA. Enero 31 de 1948. Pág. 11

CAPÍTULO XIII

LA IMAGINACIÓN CREADORA Y LA SALUD

La influencia de la imaginación creadora en todos los órdenes, es determinante. Una imaginación enfermiza, genera igualmente un estado inarmónico de salud, al igual, quien manifiesta estar enfermo, transmite ese estado a su cuerpo de manera contundente.

La mente y el cuerpo, forman un todo armónico, y es bien conocido el adagio popular: *"Mente sana en cuerpo sano"*, pues ya está completamente comprobada la acción de ella en aspecto físico.

Algunos escritores como Moliere, basados sin duda alguna en la observación de cuanto acontecía a su alrededor, logró escribir su comedia: "El enfermo imaginario" en la que narra las situaciones en que incurre quien está enfermo mentalmente.

Se hace necesario adentrarnos en este terreno, el que ya ha sido reconocido por la ciencia oficial, pero todavía se continúan aplicando algunas medicinas, sin estudiar las causas reales y otros procedimientos más eficaces para curar que sean menos perjudiciales para el organismo.

Con respecto a la influencia mental en la psique, este texto, dilucidará algunas dudas que aún persistan.

"Las fuerzas mentales y psíquicas son mucho más poderosas que las físico-químicas electro-magnéticas y cromáticas.

La mente es un poder extraordinario. Lo que realmente necesitamos es aprender a utilizar tan poderosa energía.

La mente se manifiesta como imaginación (aspecto femenino de la misma); como Voluntad (en su aspecto masculino o sea natural condición).

El poder de la mente no está en el neutro, o sea el pensamiento común y corriente. el poder de la mente está en exaltación misma como voluntad, o como imaginación.

La voluntad es pensamiento canalizado dirigido con energía hacia un fin único, determinado.

La imaginación es la expansión mental del ser que la utiliza.

La imaginación es más poderosa que la voluntad. de ahí que cuando la imaginación y la voluntad están en conflicto, siempre triunfa la imaginación.

El verdadero poder de la mente está en la imaginación y la voluntad siempre unidas en vibrante armonía. ¡He aquí el secreto de la fuerza y el poder!

No olvidemos que Voluntad sin imaginación o Imaginación sin Voluntad, son extremos de poca o ninguna importancia.

Si logramos apropiarnos del poder de la Imaginación y de la Voluntad obtendremos triunfos no soñados, en todo género de actividades.

la influencia de la mente en el cuerpo es absoluta; aunque aparentemente no creamos que esto sea así.

para darnos cuenta exacta de su poder tenemos que conocer los dos grandes aspectos de la misma. Hay lo que podemos llamar la mente objetiva, aquella que empleamos constantemente en estado de vigilia. y la mente subjetiva o subconsciente, que rige todos los movimientos voluntarios, tales como la circulación de la sangre, la respiración, la digestión, etc.

Las impresiones que vienen del exterior penetran en el ser psíquico a través de la Mente Objetiva, para grabarse en la Mente Subjetiva y quedar allí obrando un papel favorable o desfavorable según la índole de la impresión recibida.

El carácter, los gestos, en una palabra, nuestra manera de ser, no son más que una expresión de las más poderosas energías de reserva que hay en la Mente Subjetiva o Subconsciente.

La relación estrecha entre la Mente y el Cuerpo es tan íntima, que todo movimiento tiene su razón de ser en la Mente.

En el estado actual la mayor parte de las personas no suponen ni imaginan que tenga nada que ver la Mente con el armonioso estado del Cuerpo que se expresa como salud.

Pero nadie puede negar que las impresiones que llegan por el campo mental afectan de tal manera el organismo que según su clase, se traducen en enfermedad o salud.

Si en el momento de tomar alimento se nos transmite una noticia desagradable, el organismo se resiente en tal forma que el hígado deja de funcionar normalmente y la digestión se interrumpe.

Ahí tenemos un ejemplo práctico del cual cada uno habrá tenido directa comprobación acerca de la poderosa influencia de la Mente en el cuerpo físico.

Según la clase de actividad mental que nos domine en un momento determinado, el cuerpo físico estará más o menos animado, más o menos deprimido. Si uno es poco observador, y se detiene en la calle a mirar a los transeúntes, fácilmente podrá darse cuenta de la clase de pensamientos que alimenta cada una de las personas que pasan por ella. Al que lleva pensamientos de optimismo, de acción, de activa voluntad en una dirección determinada, lo veremos marchar con pasos firmes, con energía definida, con la cara levantada, en la expresión del rostro se descubrirá complacencia, e infinidad de detalles más que nos prueban la activa acción mental hacia un positivismo perfecto.

En cambio, en otros observaremos la melancolía, el paso vacilante, mirada vaga inclinada generalmente hacia el suelo, lo veremos manejándose realmente con dificultad en los lugares donde la afluencia de gentes es más activa; lo que nos muestra bien a las claras que su actividad mental es lánguida, deprimida por pensamientos de desconfianza, de incertidumbre, en una palabra de pesimismo. Y bastaría solamente que esa persona recibiera una gran noticia para verle cambiar rápidamente de actitud y tomar nuevas características. La sana fuerza del optimismo da encanto y belleza a la vida.

Pero lo más importante de saber en estos casos es que cada uno a voluntad puede cambiar cuando quiera su actuación mental, de negativa a positiva, de pesimista en optimista, y vibrar en nuevas condiciones que establecerán armonía física, psíquica y mental en beneficio de su propia salud y equilibrio.

Las personas de temperamento hipersensible registran con mayor facilidad cambios que se operan en la actuación de su Mente, pero como no saben que en sí mismas levan el poder de transmutar aquella clase de ondas, sufren las naturales negativas consecuencias.

También es un hecho probado que la persona jovial, alegre, optimista, llena de armoniosos pensamientos y de nobles aspiraciones, se conserva siempre en mejores condiciones de salud, que las que viven de ordinario bajo la presión de fuertes emociones, como la envidia, los celos, el temor, la tristeza y el pesimismo; todos estos estados mentales no solamente enferman físicamente, sino que destruyen la natural armonía.

En la mente, la mayor de todas las fuerzas, y al mismo tiempo la poderosa palanca o llave para obtener salud, equilibrio mental y psíquico, y por lo tanto, felicidad. El que aprenda a dirigir y a gobernar la Mente, será sin duda alguna la persona más rica y más afortunada que pueda existir."[35]

Orison Swett Marden, en su preciosa joya "El poder del pensamiento", trata este tema *in extenso,* en un capítulo denominado: La influencia mental, el cual transcribiremos, debido a la importancia que tiene para la comprensión de la influencia que ejerce la mente en el cuerpo.

---

[35]ROJAS Israel. El secreto de la salud y la clave de la juventud. Tipografía Hispana Ltda. 50º. Edición. 1984. Pág. 218-220

"Todo pensamiento y toda emoción vibran a través de las células del cuerpo, comunicándoles tonalidad. Idéntica a su índole vibratoria.

Para el hombre futuro será tan fácil transmutar un pensamiento de odio en otro de amor, como le es hoy apagar los hervores del agua en ebullición.

Un pensamiento de odio se desvanece al instante en presencia de otro de amor.

El que odia es un asesino y un suicida.

El pensamiento recto es un capital que reditúa pingües dividendos.

Es creencia tan general como errónea, la que cuenta por imposible resguardar el cuerpo de las enfermedades que la patología llama hereditarias. Con esta preocupación tan extendida es muy extraño que disfruten de verdadera salud los aprensivos. Ley de la vida es el normal funcionamiento del organismo, pues toda anormalidad, desequilibrio y discordancia son ajenos a nuestra íntima naturaleza y derivan siempre de alguna transgresión física, mental y moral.

Muchos hombres que se tienen por libres viven hoy en más opresora esclavitud que los negros antes de la abolición de la esclavitud, porque son esclavos de supersticiosas aprensiones que los mantienen en continuo recelo de caer enfermos, y temen mucho más a una corriente de aire o enfriamiento de pies, que el esclavo pudo temer a su dueño. Siempre andan a vueltas con dengues y melindres y en cuanto les pica un mosquito llaman al médico, sin cuyo permiso no se atreverían a salir de casa, por muy graves deberes que hayan de cumplir.

Pero, así como ahora las dolencias y achaques parecen ser signos de elegancia y distinción, en lo porvenir, tendrán, con mejor criterio, por resultado de costumbres desarregladas y siniestra disposición mental cuya ponzoña nos ha inficionado la sangre. Las enfermedades serán prueba de que no supo gobernarse a sí mismo quien las sufre. Para ser feliz es necesario ser bueno.

Así como las placas fotográficas reproducen con insobornable fidelidad el más leve rozamiento o desentono de la voz del cantante, así las células, tejidos, órganos, aparatos y funciones del organismo corporal reproducen cuantos desvíos, deslices, traspiés, tropezones y caídas damos en el sendero de la vida.

Los quebrantos de salud son casi siempre expresión tardía de livianas costumbres o viciosos hábitos mentales, cuando no resultan de siniestras condiciones de herencia fisiológica. Cada pensamiento de enemistad hacia el prójimo y cada emoción pasional del ánimo es un elemento morboso cuya reiterada acción acaba por determinar una dolencia orgánica.

Una vez convencidos de que nuestra actitud mental influirá según su índole en el cuerpo, nos sería relativamente fácil enmendar nuestro carácter y reconstituir el cuerpo por medio de la salutífera influencia de los buenos pensamientos. El hombre se convierte en lo que piensa, es decir, que sus costumbres, modales, actos, gustos, tendencias y aficiones son de condición idéntica a sus habituales pensamientos. En los rasgos del semblante, en el fulgor de la mirada, en el acento de la voz, en el aire que se desprende de toda su persona, denota el hombre cómo piensa y cómo siente, por lo que al sagaz observador no le es difícil distinguir, por solo el aspecto exterior, la condición del individuo.

Dice Swedenborg que el hombre escribe su vida en su naturaleza psíquica, donde después la leen los ángeles. Así También pueden leerla, aunque no sean ángeles, cuantos posean suficiente agudeza de vista psíquica para descubrir el pensamiento ajeno de los reflejos del semblante y en las modulaciones de la voz.

En verdad, nada nos es posible disimular ni encubrir porque, a pesar nuestro dejaremos algún resquicio por donde la sutil indagación psíquica atisbe nuestro verdadero estado de ánimo. Conservar la salud y gobernar el cuerpo es tan hacedero como administrar un negocio. El pensamiento recto y la conducta correcta son los factores de la vida feliz, de los goces de la mente, de las satisfacciones de ánimo y de la salud del cuerpo, porque el cuerpo será tal como sea la mente.

Conocidísimo es el hecho de que toda dolencia corporal se agrava en proporción a la intensidad con que nos lamentamos de ella, y así conviene convertir nuestro pensamiento hacia la convicción de que la salud no ha de venirnos de fuera, sino que en nuestro interior está para conservarla o perderla, según sea la actitud mental que determine nuestra conducta y establezca las condiciones de nuestra vida.

Nunca os forjéis una siniestra y nefanda imagen de vosotros mismos, sino que sin jactancia ni engreimiento reflejaos en el espejo de la mente como si resplandecieran en vosotros cuantas perfecciones puso Dios en su terrena imagen y que está representada sea el ideal a que convirtáis todos vuestros esfuerzos.

Estemos seguros de que nuestras ideas, deseos, aspiraciones, anhelos y actitudes mentales influyen vibratoriamente en todas las células del cuerpo y determinan su salutífera o morbosa condición fisiológica, hasta el punto de que, en un arrebato de cólera, un acceso de ira, una explosión de celos, un disgusto repentino, cualquier incidente emotivo de violenta intensidad, pueden alterar los humores y, sobre todo, la sangre, de modo que produzcan la muerte.

Todos los órganos reciben la influencia mental, aunque en menor grado que el cerebro, y por ello todas las funciones orgánicas se perturban en cuanto una viva emoción pasional desequilibra la mente."[36]

[36]MARDEN. Orison Swett. El poder del pensamiento. Obra citada. Págs. 219-223.

CAPÍTULO XIV

EL PODER DE LA SUGESTIÓN

Para llegar al dominio de la facultad de la imaginación creadora, se hace necesario iniciar el trabajo de regeneración del pensamiento, ya que los pensamientos que hemos venido incubando en nuestra psique, no han sido los mejores, pues las costumbres que sobrellevamos, son como rémoras que obtuvimos desde siglos atrás, dependiendo de la raza o grupo social al que pertenecemos. Hemos venido desempeñando determinados roles en nuestros hogares, y nos hemos visto abocados a repetir el comportamiento de nuestros antepasados, llevando a cuestas un lenguaje casi derrotista y a seguir lineamientos que nos han conducido al fracaso; además hemos carecido de ideales por falta de educación acerca de los más elevados conocimientos que nos catapulten hacia el éxito deseado, para ello, es necesario conocer una herramienta eficaz para el aconductamiento de nuestra mente; ella ha sido denominada sugestión. Veamos, lo que dice al respecto Israel Rojas:

> "Generalmente cuando se habla de la fuerza mental de curación de las enfermedades, se piensa inmediatamente en la *sugestión.* Y ha sido la palabra sugestión la que ha servido para tratar de disimular la ignorancia con relación a los

problemas de la salud, en los casos en que el médico materialista, al no tener explicación científica para un fenómeno claro de curación psíquica, dice con énfasis: *¡Eso es sugestión!*, como quien dice, eso no tiene importancia, las curaciones de esta naturaleza se realizan día a día en todas las partes del globo.

En cambio, de pronunciar esa palabra, sin poner atención en lo que significar pueda, es nuestro deber inquirir el porqué de aquellos hechos trascendentales. Si la sugestión produce curaciones y fenómenos inexplicables, ¿por qué no estudiarla? Decir *sugestión* y encogerse de hombros ¿es acaso una salida científica?

Hemos de advertir que la Sugestión tal como se entiende comúnmente *no existe*.

Lo único que realmente existe es la autosugestión. Pero ella tiene una explicación científica según veremos. La sugestión como presión que una persona a través de la palabra ejerce sobre otra, no tiene poder directo. El sugestionado lo único que puede hacer es presentar una idea, en términos expresivos y claros, para que el otro le dé cabida en su mente. Después de obtenido este estado, el que creemos sugestionado es quien realiza la labor de *auto impresión*. Si la sugestión directa existiera podríamos impresionar por este medio los locos, y hasta las gallinas. Pero tal sugestión directa no existe, Es indispensable que el que reciba la sugerencia en una frase característica, esté en cierta concentración mental, acepte la idea y luego con ella se autoimpresione, marcando por este medio una profunda huella en su mente subjetiva o subconsciente.

Conociendo en forma clara el mecanismo psíquico de la autosugestión no necesitamos en ningún caso la presencia de un ser extraño, llamado hipnotizador, para que nos ayude en el empleo de la fuerza psíquica en la curación de nuestras enfermedades."[37]

Pero también, El Yogi Ramacharaka, en una de sus máximas obras, se refiere a la acción fecunda de la sugestión para el restablecimiento de la salud:

"El tratamiento sugestivo se funda en el efecto de la influencia de la mente consciente en la mente instintiva. De la misma manera que la siniestra sugestión propia o ajena en la mente instintiva puede determinar anormales condiciones en el organismo físico, así también las armónicas y favorables sugestiones propias o ajenas en la mente instintiva pueden determinar en el organismo saludables y normales condiciones.

Cuantos han estudiado el asunto, así como las psicofísicos y los ocultistas conocen muy bien los efectos de las actitudes y estados de mente y ánimo

[37] ROJAS Romero Israel. El secreto de la salud y la clave de la juventud. Tipografía Hispana Ltda. 50º. Edición. 1984. Pág. 218-220

en el cuerpo físico. Citaremos unas cuantas opiniones para llamar la atención sobre los hechos fundamentales del tratamiento sugestivo.

Del eminente psicólogo Guillermo James:

«No hay sensación, sentimiento o idea que no propenda directamente y de por si a descargar en un efecto motor, no siempre externo. Puede ser tan sólo la alteración de las palpitaciones cardíacas o del aliento o de la circulación de la sangre de modo que ruborice o empalidezca el rostro, o puede no ser nada de esto; pero en todo caso cualquier modalidad de conciencia ha de transmutarse en notoria u oculta moción.»

De Blain:

«Se conocen muchos casos en que una tremenda desgracia, un dolor hondísimo o una pena desgarradora ocasionó la muerte o la locura de conformidad con la ley general.»

De Darwin:

«La prolongada pesadumbre debilita la circulación, empalidece el rostro y marchita los músculos. Se caen las pestañas, la cabeza se inclina sobre el contraído pecho, y labios, mejillas y mentón caen por su propio peso.

La expresión de un hombre de ánimo jubiloso es la contraria del abatido por la aflicción.»

De Olston:

«Ley general de la vida fisiológica es que el júbilo, la esperanza, el optimismo y el amor favorecen la salud del cuerpo, mientras que el temor, el tedio, la melancolía, la malicia, el odio, el abatimiento, la desconfianza y demás estados siniestros del ánimo propenden a perturbar los órganos y trastornar las funciones. Me parece que el lector ha de considerar la importancia de estos fenómenos.»

De Flammarión:

«Una idea, una impresión, una conmoción mental, aunque completamente interna, puede producir efectos fisiológicos más o menos internos y hasta es capaz de ocasionar la muerte. No escasean los casos de muerte repentina a consecuencia de una violentísima emoción. Hace ya tiempo que se reconoció la influencia de la imaginación en la vida fisiológica. Muy conocido es el experimento que en el siglo pasado se efectuó con un condenado a muerte, que por una providencia del tribunal sentenciador pasó a poder de los médicos para que fuera objeto de Estudio.

Los experimentadores ataron al reo a un poste, le vendaron los ojos, y le dijeron que le sangrarían en el cuello, dejando suelta la sangría hasta desangrarlo. Dicho esto pincharon levemente al reo con un alfiler sin hacerle sangre y dispusieron una corriente de agua tibia que desde el cuello fluía cuerpo abajo hasta caer en una palangana. Al cabo de seis minutos, el reo murió de terror, creyendo que había perdido casi toda su sangre.»[38]

Y con respecto a la labor de recuperación de la salud, el mismo autor anota en el mismo libro:

> *"La tarea del terapeuta sugestivo es restaurar la normalidad de las condiciones mentales en quienes contrajeron el hábito de creer que están siempre enfermos. La normalidad se restablece mediante la influencia de la mente del operador en las células del organismo del enfermo. Según dijimos, la principal diferencia entre el tratamiento mental y el sugestivo consiste en el método de aplicación. El tratamiento mental es silencioso y la curación se realiza por la eficacia del pensamiento transmitido telepáticamente, mientras que en el tratamiento sugestivo, el operador ha de formular su pensamiento en palabras habladas y dirigidas a las mentes celulares del enfermo. Por lo tanto, en el tratamiento sugestivo también actúa el pensamiento del operador, aunque por medio de la palabra.*
>
> *Los sugestionadores vulgares no lo creen así, pero es verdad, y las palabras han*

[38] RAMACHARAKA Yogi. La ciencia de la salud. Medicina Psíquica. Traducción del inglés de Federico Climent Terrer. Industrias gráficas Bilbao. Págs. 157-160.

influido poderosamente en muchos casos de curación, pues la sugestión verbal suele ser necesaria para causar más profunda impresión en el ánimo del enfermo; pero la salutífera fuerza mental acompaña siempre a la sugestión, aunque el operador lo ignore.

La prueba está en los diferentes resultados que obtienen diversos sugestionadores y a pesar de valerse de los mismos métodos y emplear las mismas palabras.

Para evitar confusiones conviene advertir desde luego que el tratamiento sugestivo no tiene nada que ver con la sugestión hipnótica ni con el hipnotismo. Desde luego que hay operadores que combinan ambos métodos, pero hay en ello más inconvenientes que ventajas, porque el hipnotismo no tiene eficacia alguna en la práctica de la terapéutica sugestiva. Observaron los hipnotizadores que una vez hipnotizado el sujeto podían sugerirle condiciones de salud si estaba enfermo, y por ello creyeron que la hipnosis era indispensable para el tratamiento y curación.

Sin embargo, la experiencia ha evidenciado que las sugestiones son igualmente eficaces cuando las recibe el sujeto en plena conciencia vigílica sin asomo de hipnosis. Por lo tanto conviene distinguir el tratamiento por sugestión de la sugestión hipnótica. No hay verdadero enlace entre ambos métodos y en consecuencia hay muchas razones para no confundirlos."[39]

[39] RAMACHARAKA Yogi. La ciencia de la salud. Medicina Psíquica. Obra citada. Págs. 169-170.

CAPÍTULO XV

TRATAMIENTO MENTAL

Todo—, absolutamente todo—, está interpenetrado por energía mental. Como dice El Kibalión: *"El todo es mente, el universo es mental"*

Nuestro cuerpo, está conformado por células que cumplen funciones específicas a cabalidad y en consonancia con las demás células del cuerpo humano, de las que forman parte y obedecen al ego o consciencia interior, y para poder comprenderlo mejor, se hace necesario conocer el *modus operandi;* Para ello, nos remitimos a La ciencia de la salud, antes mencionada y escrita por Ramacharaka, en la que cuenta acerca de la vida celular:

> *"Para comprender la índole de la Medicina Psíquica es preciso comprender previamente la del aspecto mental del cuerpo humano.*
>
> *No solamente tiene la mente central un número de planos de manifestación, sino que cada órgano fisiológico posee una «mente orgánica» constituida a su vez por la «mente grupal» de cierto número de células cada una de las cuales tiene su mente individual.*

Esta idea parecerá algo extraña a quienes desconozcan los pormenores del asunto, pero es exacta no solo para los yoguis sino para quienes estén familiarizados con los recientes descubrimientos de la ciencia occidental.

Según expusimos en nuestra obra: Catorce lecciones, La filosofía yoguística enseña que el cuerpo humano está constituido por «diminutas vidas» o células vivas, y que cada célula tiene acción peculiar e independiente aparte de la que le corresponde en su respectiva agrupación celular. Estas «vidas diminutas» poseen cierto grado de mentalidad sobrado para que efectúen cumplidamente su obra. Sin embargo, las mentes celulares están subordinadas a la mente instintiva del individuo y obedecen sus órdenes, así como también las que reciben del intelecto.

Las células denotan inteligente aptitud para su respectiva labor. Ejemplo de su acción inteligente es la manera de extraer de la sangre las necesarias substancias nutritivas y rechazar las innecesarias o perjudiciales. Los procesos de las funciones orgánicas denotan «la mente» de las células, ya individual, ya colectiva. La curación de las heridas, y la presencia de las células en el punto donde conviene, son otros ejemplos conocidos de los biólogos, que demuestran la acción mental de las células.

Todo el cuerpo humano está constituido por estos microscópicos seres. No sólo constituyen los tejidos blandos como el nervioso, el muscular y el conectivo, sino también los duros como el óseo y hasta el esmalte y el marfil de los dientes. La forma de las células varía según la particular labor que están destinadas a realizar, y cada una de ellas, es en rigor un individuo separado y más o menos independiente, aunque sujeto al gobierno local de la mente del órgano y al superior de la mente instintiva.

Las células actúan sin cesar y cada cual efectúa su asignada labor como disciplinado soldado de un ejército. Unas células están en servicio activo y otras se mantienen en reserva, esperando algún repentino y urgente llamamiento al desempeño de su deber. Unas se hallan fijas en determinado punto y otras van de una parte a otra en cumplimiento de su labor. Algunas actúan como barrenderos del organismo cuyos desechos eliminan mientras que otras llevan substancias nutritivas a todos los órganos.

La vida colectiva de las células se ha comparado a una vasta y bien ordenada comunidad en que cada individuo desempeña su peculiar tarea por el bien común. Para dar idea de la magnitud de esta comunidad de células, baste decir que tan sólo en la sangre se calcula que existen 75.000 millones de células rojas, que son los ordinarios mandaderos del organismo, flotantes en las arterias y venas. Las de las arterias llevan una carga de oxígeno tomada de los pulmones y la distribuyen por los diversos tejidos para vivificarlos y fortalecerlos. Las de las venas, en su viaje de vuelta cargan con los desechos del organismo. Como un buque mercante, las células rojas de la sangre llevan un cargamento en su viaje de ida y otro en el de vuelta.

Otras células prestan servicio de policía y protegen al organismo contra las bacterias y gérmenes morbosos que amenazan trastornarlo. Las células tienen instintos salvajes y usualmente se deshacen de los gérmenes intrusos devorándolos; pero si no pueden devorarlos independientemente, se congregan o agrupan varias de ellas y todas juntas acometen al enemigo y lo expulsan del organismo en forma de granos, tumores, forúnculos, etc.

Las células capacitan al organismo para llevar a cabo su obra de incesante regeneración. Cada parte de nuestro cuerpo está de continuo, reparada por nuevo material y las células realizan esta obra, millones de estas diminutas operarias se mueven constantemente de un lado a otro o están fijas en un punto, para renovar los tejidos desgastados y eliminar los deshechos provenientes del desgaste.

Cada célula del cuerpo, por humilde que sea su función, conoce instintivamente lo necesario para su vida propia y la vida comunal. Se nutre y se reproduce por segmentación al aumentar de tamaño. Parece como si tuviera memoria y en muchos aspectos manifiesta consciente acción. No consideramos necesario profundizar en este asunto, pues basta lo dicho para comprender que las células son «seres vivientes» de consciente acción. Las células constituyen los tejidos de que se forman los órganos, y que están agrupadas en colectividades en que sus mentes se combinan en otra mente superior aparte de su independiente acción mental.

Por ejemplo, los millones de células constituyentes del hígado tienen una mente común, la que podemos llamar: «mente hepática» que actúa como una entidad, aunque siempre sujeta al gobierno de la mente instintiva. Esta circunstancia es importantísima con relación a la medicina psíquica, cuyo capital principio depende de que todos los órganos del cuerpo por medio de su respectiva mente, caen bajo el gobierno y dirección de la conciencia mental del individuo. Según dijimos, cada célula forma parte de un grupo celular y cada grupo forma a su vez parte de otro superior, y así sucesivamente hasta constituir una vasta confederación de grupos celulares bajo el gobierno de la mente instintiva.

Las mentes individuales de toda la confederación se combinan bajo el gobierno de la mente instintiva, y al propio tiempo hay agrupaciones cada vez menores hasta llegar a la célula individual. Esta confederación celular es maravillosamente sorprendente. Uno de los deberes de la mente instintiva es el gobierno de dicha confederación celular, y cumple por lo general muy bien su cometido a no ser que intervenga el intelecto que a veces le envía temerosos pensamientos y la desmoraliza. El intelecto se empeña en entrometerse en el establecido orden del organismo, introduciendo extraños hábitos que perturban y desordenan a los grupos de células, las cuales suelen sublevarse contra la extraña injerencia. La huelga revolucionaria se extiende si la cosa no se arregla, las células vuelven al trabajo de mala gana, y en vez de realizar su labor lo mejor que saben, hacen la menos posible y aun la que más les agrada. El restablecimiento de las condiciones normales mediante la apropiada nutrición reanudará su ordenado funcionamiento, y la vuelta a la normalidad se apresurará si la voluntad el individuo da órdenes directas a los grupos de células. Es admirable cuán pronto pueden restablecerse de este modo el orden y la disciplina."[40]

[40] RAMACHARAKA Yogi. La ciencia de la salud. Obra citada. Págs. 49-56

CAPÍTULO XVI

CURA MENTAL DIRECTA

MAXIMUS NEUMAYER

"En los tratamientos mentales, la mente del terapeuta debe conseguir la cualidad de ver mentalmente al enfermo, sano, y teniendo los órganos y las células en completo funcionamiento. El mayor o menor éxito en la cura mental, dependerá sobre todo de la capacidad que tenga el terapeuta de visualizar mentalmente las condiciones normales. En cuanto a la transmisión del pensamiento, ésta no requiere esfuerzo extremo de parte del terapeuta.

La dificultad principal está en la habilidad de construir la imagen mental, la cual una vez formada, es fácil de transmitir, pensando sencillamente en ello como en algo que se está realizando.

Para el mejor éxito de la cura positiva, es de gran ventaja imaginar que se ve cómo el pensamiento sale realmente del cerebro; cómo viaja en el espacio y es recibido por la mente del enfermo. Claro está que ello auxilia a la mente a mantener fija la imagen, hasta que ella se realice.

Tratándose de un enfermo, en su propia presencia, conviene recomendarle calma y tranquilidad, además de un silencio integral. Esto no quiere decir que el paciente se adormezca o dormite, sino que calme su mente, abstrayendo sus pensamientos lo más posible de la vida exterior.

Es importante, además, que haya calma en el ambiente, requiriéndose el mayor sosiego, previniéndose contra cualquier ruido, y de que no haya alrededor colores brillantes que puedan distraer la atención del enfermo. En estas condiciones, éste debe conservarse quieto, en un sosiego absoluto, pues el terapeuta sólo puede dar comienzo al tratamiento al sentir que su estado mental se encuentra en condiciones, esto es, que las vibraciones se elevaron al grado debido, lo cual ha de ser detectado por sus sentimientos.

De la imagen mental del paciente sano, se crea un nuevo ideal mental de las condiciones convenientemente deseadas, que debe ser transmitido a la mente del enfermo, con la reproducción de un verdadero relato mental. Es preciso crear principalmente, la imagen mental de las condiciones ideales que se desean tornar una realidad."[41]

---

[41] LUZ EN EL SENDERO. Revista. Orden Rosacruz Kabalista. Año 13, diciembre 2001. No. 13. Cali, Colombia. Págs. 14,15.

CAPÍTULO XVII

TRATAMIENTO ESPIRITUAL

Hemos llegado hasta aquí para tratar el tema cumbre de los sistemas de curación. Debemos comprender cuál es, cómo funciona y cuáles son sus aplicaciones. Este tema ha sido vedado o expuesto realmente poco para allegar comprensión clara.

Los seres humanos—, como no han entendido— qué es, cómo utilizarla, cuándo, y quién puede hacer uso de ella, han creado cortinas de humo y en su ignorancia han decidido denominarla "milagro", pero esta palabra en su acepción más pura significa; "hecho admirable".

Algunos sabios—, realmente pocos—, comparativamente han utilizado este sistema de curación, citemos a Apolonio de Tiana, Arnold Krumm Heller, Maximus Neumayer, y otros poco conocidos, pero que han practicado extraordinarias curaciones.

La taumaturgia también ha sido vilipendiada, a causa de intereses de carácter religioso o de otra índole, que obedecen más a la ignorancia supina o bien al egoísmo o a demeritar sus resultados, ya que no han podido comprenderla a cabalidad.

Haciendo caso omiso de esos planteamientos, daremos a conocer la miel que encierra tan precioso conocimiento y dejaremos la dureza de la nuez a aquellos que se oponen a su existencia real.

Es necesario dar aquí algunas indicaciones al respecto, pues para utilizar la energía espiritual es indispensable poseer una imagen clara de la energía que se maneja y estar desposeído de engreimiento y del deseo de adquirir dinero, pues tal terapeuta es tan sólo un recipiendario de tal energía y es la Divinidad misma la que actúa a través de él; bien lo expresó Jesús de Nazaret: *«Las palabras que yo os hablo no las hablo de mí mismo. Más el Padre que está en mí, él hace las obras.»*

Quienes pretenden curar de esta manera, no deben recibir el menor peculio; ni siquiera deben pretender que se les dé las gracias, ya que quien realiza la curación es en realidad la Divinidad misma. Los que andan pregonando la curación por medios espirituales deben resguardarse de buscar honra, pues carecerán del poder de sanar y sólo lograrán fama de charlatanes y estafadores. Lo sagrado no puede mancillarse con el cobro de honorarios.

Volveremos de nuevo con El Yogi Ramacharaka, haciendo énfasis en que existen exponentes desconocidos aún por la mayoría de la gente, más no por eso debe ser desdeñada pues sin duda alguna, un día, la humanidad comprenderá su innegable valor y comprobará cuanto han expresado los espiritualistas.

"La mente espiritual del hombre es el aspecto de la mente superior a los dos aspectos inferiores llamados mente instintiva e intelecto. La mente espiritual es superior al intelecto, como el intelecto es superior a la mente instintiva.

La mente espiritual está todavía latente en la generalidad de las gentes, y sólo algunos hombres de muy adelantada evolución la han actualizado conscientemente.

Este superior principio mental, es aquel «algo interno» que señaladamente influye en nosotros y nos amonesta, previene y aconseja en las vicisitudes de la vida.

Todos los pensamientos nobles, elevados y alentadores que ha recibido la humanidad procedieron de la mente espiritual que proyecta fragmentos de verdad en la mente inferior.

Todo cuanto recibió la humanidad en nobleza, verdadero sentimiento religioso, bondad, justicia, amor inegoísta, misericordia, y simpatía, provino del paulatino desenvolvimiento de la mente espiritual, y según adelanta este desenvolvimiento progresa la idea de justicia y es más profunda la compasión entre los hombres, más intenso el sentimiento de confraternidad, más puro el concepto del amor y más vigorosas las cualidades que todas las religiones y todo hombre honrado califican de «buenas».

De la mente espiritual recibe el vidente su visión y el profeta su vaticinio.

Muchos de los que al realizar su obra se concentraron en altos ideales, recibieron conocimientos extraordinarios que atribuyeron a seres ultraterrenos, a un ángel y aun hasta al mismo Dios, pero que era la directa comunicación con su Yo superior.

Sin embargo, no quiere esto decir que el hombre no pueda comunicarse conscientemente con entidades espirituales, pues repetidas e irrecusables pruebas experimentales hay de esta comunicación, sino que recibe muchas más comunicaciones de su verdadero ser que por cualesquiera otros conductos, aunque propende a confundir las propias con las ajenas.

Por el desenvolvimiento de la mente espiritual puede el hombre adquirir conocimientos muy superiores a los que el intelecto le es capaz de proporcionar. También por el desenvolvimiento de la mente espiritual llega el hombre a actualizar facultades superiores y potencias psíquicas; pero ha de ir con sumo cuidado en no valerse de ellas en beneficio propio sino en provecho de la humanidad. Tal es la ley, cuyo quebrantamiento le acarrearía funestísimas consecuencias.

Quien posea cierto grado de desenvolvimiento espiritual, en el mismo grado dispondrá de energía espiritual para la curación de enfermedades. En efecto, muchos terapeutas emplean consciente o inconscientemente la energía espiritual para la curación y hacen bien en ello porque la usan debidamente.

El tratamiento espiritual puede aplicarse con todos los demás tratamientos descritos en este libro, sin entorpecimiento de ninguno de ellos. En efecto, todo consciente terapeuta aplicará el tratamiento espiritual, si es capaz de aplicarlo, en combinación con los tratamientos ordinarios.

Como quiera que la energía espiritual siempre actúa en el sentido del bien, no se la prostituye ni profana al emplearla en aliviar los sufrimientos de la humanidad, por lo que nunca ha de temer el terapeuta que al emplearla en tan noble propósito lo arrastre por el bajo suelo de la materialidad. Porque la energía espiritual todo lo penetra, y muy bien puede utilizarse para realzar y enaltecer lo material, que al fin y al cabo es el medio de manifestación de lo espiritual."[42]

---

[42] RAMACHARAKA Yogi. La ciencia de la salud. Págs.232-235. Obra citada.

CAPÍTULO XVIII

PROCESO DE LA IMAGINACIÓN CREADORA

Se hace necesario comprender el funcionamiento de la imaginación creadora, y para ello, debemos hacer algunas aclaraciones indispensables.

La ciencia oficial, ha denominado inconsciente a *"un conjunto de caracteres y procesos psíquicos que, aunque condicionan la conducta, no afloran en la conciencia"*; pero haciendo un análisis más concienzudo, este término no corresponde con la realidad, ya que muchos de esos procesos, si bien aparentan ser elaborados en un *limbo inconsciente*, no lo son, ya que hay un grado tal de *consciencia* en los desarrollos mentales, que es inconcebible e incomprensible aún para la ciencia moderna; pero analicémoslos con más detalle:

A nuestro cuerpo ingresa un cuerpo extraño, y nuestras células —que poseen un alto grado de consciencia— acerca de su papel en el organismo, aíslan del cuerpo, el elemento mediante un grupo de células que se congregan para que no entre hasta las partes vitales; todo con el fin de evitar que puedan causar mayores daños.

Cuando ingerimos alguna sustancia que puede ser nociva por su contenido venenoso, las células que componen los músculos estomacales, reaccionan produciendo contracciones para eliminar la sustancia tóxica.

En el proceso de cicatrización de alguna herida de nuestro cuerpo, es sorprendente que después de varios días de haberse suturado la herida; se vayan copiando con precisión extraordinaria, una a una, las células que se hallaban comprometidas en la lesión y que podamos ver cómo se restaura la piel, y los órganos que estuvieron implicados.

Hay, sin duda alguna, una *consciencia subyacente* en cada una de los sucesos que se presentan en nuestro organismo, y en todos los cuerpos, lo cual invalida el término utilizado: *subconsciente*.

Hay en todo átomo, en cada molécula, en cada órgano, y en cada cuerpo —por pequeño que sea—, y hasta los organismos más complejos como las galaxias, que no esté dotado de *consciencia* y *vida.*

La palabra *inconsciente* debe ser cambiada por: *endoconsciente,* ya que es un término más exacto y más diciente*, pues este tipo de consciencia, subyace, en nuestra interioridad;* más no por eso, podemos decir que es menos consciente.

Después de esta disquisición, si se nos permite, entremos en materia:

El proceso de materialización o debiéramos decir, de concreción de las ideas, es natural y sólo comparable con el proceso de germinación.

Las ideas son semillas y poseen vida, ya que provienen de un ser vivo *consciente en determinado grado, y tienen la fuerza y la vida que les imprimió el ser del cual surgió; además están dotadas del espíritu divino que todo lo mueve con santo dinamismo.*

Cada idea es un ente vivo y puede llegar a materializarse si se conoce el *modus operandi,* como vamos a describir de manera sucinta.

Pero como lo expresa el doctor Rodolfo Steiner en una de sus obras: *"Lo mismo que se requieren muchas cosas para que germine la semilla. Es necesario que ella sea hundida en la tierra, y que el sol envíe su calor."*[43]

La idea, por poseer vida propia —; la que le ha dado la persona de la cual partió— debe tener las siguientes características para poder germinar:

Genuidad: Este rasgo, nos da a entender que se hace necesario conocer de antemano, *la índole de la idea* o *imagen* que vamos a plantar en el subconsciente, cuidando siempre de que sea la más bella, lozana y armoniosa; además de buscar que sea la más útil para nuestro desarrollo a corto, mediano y a largo plazo. El

---

[43] STEINER. Rodolfo. Mitos y misterios egipcios. Sociedad Teosófica Cristiana de Buenos Aires. Editorial Kier. Santa Fe 1260. Buenos Aires. Pág. 29.

tiempo se encargará de hacerla germinar en su debido momento.

Pureza: Las ideas primigenias, no se deben contaminar con otras que vayan a dificultar el libre desarrollo de la idea original; debemos cultivar, además, ideas afines a nuestros proyectos.

Limpieza: Las ideas, que deben plantarse en el subconsciente, deben estar libres de pensamientos de miedo, angustia, mal sanidad y de escombros de pasadas imágenes morbosas, pues estas impedirán el libre desarrollo y el normal crecimiento.

Sanidad: Se hace necesario que las ideas que parten de nuestro cerebro, no estén viciadas por el rencor, la malicia y el desdén.

Viabilidad: Hemos de tenerse en cuenta que hay cosas que son posibles a corto, a mediano, y a largo plazo, y que es necesario a que el tiempo favorezca su crecimiento posterior. No da frutos un cedro en días; debemos esperar que pasen muchos años para poder verlos; pero en cambio, es posible que proyectos a corto plazo se puedan concretar en lapsos de tiempo breves.

Vigor: A pesar de las circunstancias aparentemente adversas, la confianza en la realización de nuestros propósitos y metas, debe permanecer incólume frente a los duros momentos, a las opiniones ajenas, al vaivén y a la furia de los conceptos de apáticos e incrédulos que siempre están listos a destruir las ideas loables y útiles. Muchos no darán créditos a las nuevas ideas de mejoramiento, por la forma en que presentemos los proyectos y los planteemos, por la aparente inconveniencia, porque riñe con otros intereses particulares o porque no es del gusto de los demás.

Sarcasmos y risas, se oirán a nuestro alrededor y voces conformes con lo establecido, teorizarán sobre la innecesaria realización de nuestros ideales.

"Eso ya lo intentaron", opinarán algunos; *"no es posible en el momento"*, dirán los demás. *"En este país no se puede hacer",* indicarán los escépticos.

"¿Y usted por qué no ha triunfado?" aludiendo a que el expositor no posee una elevada posición social, no pertenece determinado movimiento político o carece de suficiente dinero, siendo medido con el rasero propio del interlocutor o de los interlocutores.

Traigo a colación el pensamiento de Chaplin al respecto: *"Hay que tener fe en uno mismo. Ahí reside el secreto. Aun cuando estaba en el orfanato y recorría las calles buscando qué comer para vivir, incluso entonces, me consideraba el actor más grande del mundo. Sin la absoluta confianza en sí mismo, uno está destinado al fracaso"*

Charles Chaplin, sabía qué potencialidades dormitaban en su interior y además estaba seguro de que ellas aflorarían a la superficie en su debido momento. *Una semilla de una rosa sabe que va a producir perfume, porque el aroma que surge posteriormente, está ya en potencia en su esencia.*

Habrá muchos pensamientos de oposición para la realización de los ideales que tienes, como, por ejemplo:

"¿Para qué se va a casar?" "No cometa ese error" "Esa literatura no le gusta a la gente" "No estudie, el estudio es para los brutos", "No gaste el dinero en libros", "No haga eso, otros ya han fracasado en el intento", "Usted ya está muy viejo para eso" "¿Y usted quién se cree?" "Usted no tiene un título universitario", "¿Dónde lo van a ocupar?" "Usted no tiene el dinero suficiente" "¿Y a usted tan pobre, si le ponen cuidado?" "¡Con lo difícil que es llegar allí!" "¡Usted está loco!" "Usted lo ha intentado ya muchas veces y siempre ha fracasado" "Esa no es la mejor manera" "Usted no puede vivir del arte" "¿Y con qué va a sostener a su familia?" "¿y a usted quién le va a creer?" "¿Usted no era el carpintero del barrio?"

Serán incontables las oposiciones que se le vayan a presentar en la vida, y—, por lo tanto—, el ideal debe ser firme y fuerte, y mantenerse solido frente a cualquier inesperado acontecimiento.

Después de tener bien claro las características que debe poseer la idea o imagen que queremos plasmar; es indispensable saber, cómo vamos a preparar la tierra—, que en este caso es el subconsciente—.

1. Lo primero es remover la tierra (*el inconsciente*). *Nuestros pensamientos deben estar en estado de quietud y calma, para que allí podamos sembrar las imágenes que queremos cultivar.*

2. Retirar de la superficie, las piedras y todos los elementos extraños a la tierra que más tarde pueden obstaculizar la plantación y el posterior enraizamiento. *En el caso de la imaginación creadora, toda imagen anterior que pudiera entorpecer el libre desarrollo del ideal, debe ser eliminada de nuestra mente para siempre.*

Continuando con la analogía de las siembras, vamos a dar algunas indicaciones para allegar mayor comprensión de este proceso divino, ya que este es el apelativo apropiado para definirlo.

Ya hemos definido que la *tierra* simboliza *el inconsciente* y que la *semilla* está representada por *la imagen* o *idea viva*, pues bien, *el agua* que debe regar tal semilla está significada por *la fe; el aire* que debe permitirle respirar, por *la voluntad del imaginador,* y *la luz*, por *la fuerza del amor.*

No debemos olvidar que *quien* le da la *vida realmente* a toda forma, es en realidad, Dios, en cualquier acepción o idioma en que se le nombre.

Todas estas consideraciones se deben tener en cuenta para llegar a *plasmar el ideal que nos hemos forjado.*

Todos los grandes creadores y reformadores, han sufrido los vejámenes y apelativos más denigrantes.

Galileo Galilei, el famoso matemático, filósofo y astrónomo, fue acusado por la iglesia católica por defender la idea de Copérnico de que la tierra giraba alrededor del sol y tuvo que abjurar de esa idea para evitar ser quemado en la hoguera, pero fue arrestado.

Juana de Arco, fue quemada en la hoguera y considerada hereje por los clérigos, pero fue declarada santa en 1920 por el papa Benedicto XV; igual sucedió con Giordano Bruno, filósofo, matemático y astrónomo, que por sus elevados conceptos sobre Dios y el universo, y quien aseveraba que el sol era una estrella; otros más, como Girolamo Savonarola rompieron los moldes preestablecidos de su época y también fueron escarnecidos.

Lucilio Vanini, médico, físico y astrónomo, quien se cambió de nombre por Giulio Cesare Vanini, pero también fue quemado por la inquisición.

Jan Hus, profesor de teología de la Universidad de Praga, por promover reformas en el clero, y mediante engaño, acudió a los aposentos de un recinto, siendo quemado.

Pietro D'abano, médico, astrónomo, filósofo y profesor, enfrentó juicios de herejía y nigromancia, siendo incinerado más tarde.

Johanes Kepler, astrónomo, matemático y físico alemán, quien hizo investigaciones sobre las velocidades de los planetas y sobre las órbitas de los planetas, además de aportes sobre óptica, fue perseguido por la iglesia, que además lo amenazaba.

Miguel Servet, teólogo español, matemático, meteorólogo, astrónomo, anatomista, poeta y traductor, y reformista protestante, fue perseguido, capturado en

Ginebra y quemado en la hoguera.

Garcia de Orta, científico, médico, naturista y explorador judío, sufrió las persecuciones de la iglesia por sus trabajos en medicina, su filosofía y su pensamiento religioso; por ello sus hermanas fueron quemadas en la hoguera.

Cayetano Ripoll, profesor, por divulgar su pensamiento humanista, fue denunciado y quemado en la hoguera.

Incredulidad y desprestigio, sufrió Cristóbal Colón; igual sucedió con Tesla. A Julio Verne se le reconoció su aporte a la ciencia mucho tiempo después. Loco, fue denominado el pintor catalán Salvador Dalí.

Nicolás Copérnico tuvo que recibir las afrentas y renegar de su idea a causa las mentes cerradas de los clérigos de entonces.

Como conclusión lógica, se debemos deducir, que las ideas nuevas siempre serán rechazadas por otros de mentes estrechas, lo cual no debe ser óbice para mantenernos siempre como adalides y paladines de la verdad en cualquier época y ámbito social.

CAPÍTULO XIX

TEXTOS SINÓPTICOS

IMAGÍNATE

"**Q**uiero que utilices tu imaginación y la percepción de tus nuevos ojos para verte a ti mismo viviendo un sueño nuevo, una vida en la que no sea necesario que justifiques tu existencia y en la que seas libre para ser quien realmente eres.

Imagínate que tienes permiso para ser feliz y para disfrutar de verdad tu vida. Imagínate que vives libre de conflictos contigo mismo y con los demás.

Imagínate que no tienes miedo de expresar tus sueños. Sabes qué quieres, cuándo lo quieres y qué no quieres. Tienes libertad para cambiar tu vida y hacer que sea como tú quieras. No temes pedir lo que necesitas, decir que sí o decir que no a lo que sea o quien sea.

Imagínate que vives sin miedo a ser juzgado por los demás. Ya no te dejas llevar por lo que otras personas puedan pensar de ti. Ya no eres responsable de la opinión de nadie. No sientes la necesidad de controlar a nadie y nadie te controla a ti.

Imagínate que vives sin juzgar a los demás, que los perdonas con facilidad y te desprendes de todos los juicios que sueles hacer. No sientes la necesidad de tener razón ni de decirle a nadie que está equivocado. Te respetas a ti mismo y a los demás, y a cambio, ellos te respetan a ti.

Imagínate que vives sin miedo de amar y no ser correspondido. Ya no temes que te rechacen y no sientes la necesidad de que te acepten. Puedes decir **«te quiero»** sin sentir vergüenza y sin justificarse. Puedes andar por el mundo con el corazón completamente abierto y sin el temor de que te puedan herir.

Imagínate que vives sin miedo de arriesgarte y a explorar la vida. No temes perder nada. No tienes miedo de estar vivo en el mundo y tampoco de morir.

Imagínate que te amas a ti mismo tal como eres. Que amas tu cuerpo y tus emociones tal como son. Sabes que eres perfecto tal como eres.

La razón por la que te pido que imagines todas estas cosas es porque ¡todas son posibles!

Puedes vivir en un estado de gracia, de dicha, en el suelo del cielo."[44]

---

[44] Autor anónimo

LA IMAGINACIÓN

Cuando alguien quiere ser realmente exitoso, lo primero que debe hacer es vibrar internamente en la ***imagen*** *del éxito que espera, imaginando constantemente la meta que quiere lograr. Cuando nos dedicamos a imaginar y nos emocionamos o nos apasionamos por esa idea que queremos lograr, hay una fuerza, una energía interior que nos lleva inexorablemente al logro de aquello que estamos tratando de conseguir. De manera que el éxito o el fracaso no dependen solamente de lo externo a nosotros ni de la ayuda de otras personas, sino de la imaginación canalizada positivamente en aquello que queremos conquistar. Aprendamos a imaginar, a ver vívidamente con los ojos de la imaginación lo que queremos lograr, trabajando persistentemente en ello; así se forma una especie de onda psíquica que llegará a las personas que pueden ayudarnos a lograr los objetivos que nos estamos trazando. Hay situaciones difíciles en la vida, pero uno puede trabajar internamente canalizando energías. Aquello que imaginemos con persistencia, inexorablemente habremos de lograrlo si nos esforzamos. Hay un dicho que dice: «A Dios rogando y con el mazo dando», no es solamente sentarnos a imaginar que las cosas nos llegan, sino luchar por obtenerlas, porque así se logra todo lo que se desea.”*[45]

---

[45]KUNTER Schwery Revista Luz en el sendero. Orden Rosacruz Kabalística. Año 17. junio 2005. No. 19. Pàg.13

NUESTRA ESTATUA

"Retírate en ti mismo y mira: si todavía no te encuentras bastante hermoso, haz como hace el creador de una bella estatua: Él corta aquí, alisa allá, hace esta línea más ligera y la otra más pura, hasta que logra hacer una cara verdaderamente hermosa:

Así debes hacer: quita lo que excede, endereza lo torcido, lleva luz en las sombras, trabaja para hacer todo brillante y hermoso, y no ceses en cincelar tu estatua hasta que resplandezca en ella el esplendor divino de la Virtud, hasta que no veas la Verdad y la Bondad seguramente establecidas en el Santuario sin manchas."

PLOTINO

INSTRUCCIÓN MAGISTRAL

"Para tratar con el subconsciente no vale nada decirle: haz esto, o no hagas aquello. Tenemos que realizar una imagen mental de lo que queremos conseguir y mantenerlo en la conciencia hasta que empiece a hundirse en el subconsciente. La mente subconsciente entenderá esa imagen y actuará sobre ella. La imagen induce, el sentir, el entusiasmo realiza."

Luis Bernardo Cruz González

CAPÍTULO XX

LA IMAGINACIÓN Y EL ARTE

LA IMAGINACIÓN CREADORA Y EL TEATRO

> *"Pero la imaginación, ese templo cuya música no pueden oír los hombres y cuyas decoraciones no cambia ninguna mano humana, representa, como el teatro al mundo presente, lo futuro, lo pasado"*
>
> *Sir Edward Bulwer Lytton*

La imaginación creadora, se ve representada en el mismo diseño de los teatros antiguos, mediante tres sencillos símbolos geométricos: *el círculo, el cuadrado y el semicírculo.*

La forma circular —predominante— en los diferentes escenarios, es la representación del espíritu divino: del fuego. Imagen por excelencia, pero además el semicírculo —ahora giratorio— en los más destacados teatros del mundo, conforma el huevo filosófico de la alquimia. Y claro que así es, ya que en ese magnífico templo se realiza la transmutación de la materia prima que es *el alma*, pues las emociones, pensamientos y sentimientos son la base de la representación teatral. También el verbo hace su mágica aparición en los diferentes personajes que representan la acción del alma individual como vórtice en el Alma del mundo o Minerva Mundi.

Todas, absolutamente todas las pasiones humanas y divinas se recrean en ese círculo; algunas veces en un cuadrado—, que si se inscribe en el círculo—, da también por resultado el movimiento y—, por ende—, *la cuadratura del círculo*.

Desde la antigüedad de los teatros griegos, Zeus, Artemisa, Palas Atenea, Diana cazadora, Apolo o Febo, Dionisos, nos han fascinado; pero también las parcas, El Hades, rey del Orco y un sinfín de criaturas junto a las hadas, elfos, faunos, cíclopes, silfos, gnomos, ondinas y salamandras.

Todos los personajes desde los gnomos y criaturas semidivinas como: hadas, ondinas, sátiros y otros más en las diferentes mitologías nos los han recreado mediante la magia de la actuación, pero también se han representado los demás dioses de las mitologías diversas del planeta: escandinavos, romanos, hindúes, mayas, aztecas, incas, etc.

Todos los recursos de la imaginación creadora se ven reflejados en las diferentes artes de nuestra sociedad; pero sobre todo en el teatro, donde son imprescindibles. Indispensables para la representación, son todos los elementos de utilería. Los telones que deben representar paisajes de otras épocas: pequeñas parcelas de ciudades, castillos, corrientes de agua, animales, aves, y tutti quanti; pero también los vestuarios y personajes que complementan las escenas principales. En cada una de las obras representadas, de épocas diversas, el tiempo parece no existir. Allí es donde nos vemos completamente reflejados. Nos conmueve una tragedia griega, al igual que nos incita el acto de gobierno de un faraón egipcio o la batalla de atenienses y espartanos, de idéntica manera, nos estremece una escena romántica a través del río Nilo o del Danubio.

Es imposible para nosotros, poder sustraernos a la conmoción suscitada por todas las obras maestras de la literatura, representadas en diferentes teatros del mundo; anotemos algunas:

"Orestíada" y *"Prometeo encadenado"* de Esquilo; *"Edipo Rey", "Antígona"* y *"Electra"* de Sófocles; *"Medea"* e *"Hipólito coronado"* de Eurípides; *"La andriana"* de Publio Terencio Afer.

Nos Deleitamos y también nos maravillamos ante las obras maestras del notable dramaturgo William Shakespeare:

"Mucedorus", "Los dos caballeros de Verona", "La fierecilla domada", "Sueño de una noche de verano", "El mercader de Venecia", "Mucho ruido y pocas nueces", "Como gustéis", "Las alegres comadres de Windsor", "Noche de Reyes", "Bien está lo que bien acaba", "Medida por medida", "Pericles", "Cimbelino", "El cuento de invierno", "La tempestad", "Cardenio", "Enrique VI", "Ricardo III", "Ricardo II", "El rey Juan", "Eduardo III", "Enrique IV", "Enrique V", "La tragedia española", "Arden de Faversham",

"Tomás Moro", "Tito Andrónico", "Romeo y Julieta", "Julio César", "Hamlet", "Troilo y Crésida", "Otelo", "El rey Lear", "Macbeth", "Antonio y Cleopatra", "Timón de Atenas" y "Coriolano".

Y si continuamos viajando en el tiempo, nos detenemos después en España, con la producción de varios autores no menos importantes:

"*Fuenteovejuna*" de Lope de Vega, *"La vida es sueño*" de Pedro Calderón De la Barca; y continuando con un teatro más cercano a nuestra época, nos encontramos con las obras de Bertolt Brecht:

"Ópera de los tres centavos", "Madre coraje y sus hijos", "El alma buena de Szechwan", "La de vida Galileo", "El círculo de tiza caucasiano", "La muerte de un viajante", "Coriolano", "Antígona", etc.

Pero es imposible para nosotros no avanzar un poco más y poder disfrutar al encontrarnos con las bellas obras de Federico García Lorca:

"*Bodas de sangre", "Yerma", "La casa de Bernarda Alba", "Mariana Pineda", "La zapatera prodigiosa", "Doña Rosita la soltera", "El público", "El maleficio de la mariposa", "Amor de don Pernimplín con Belisa en su jardín", "Los títeres de cachiporra", "Comedia sin título"* y *"Retablillo de don Cristóbal."*

La realidad nos parece lejana y no quisiéramos volver a ella. Allí en esos momentos hemos traspasado la barrera del tiempo; gracias al poder que ejerce la imaginación de los autores de esas obras magníficas. La música con sus acordes nos transporta y nos hace revivir esos instantes como si fuéramos parte de la realidad en la que participamos.

Innumerable cantidad de seres: hombres y mujeres que conforman y representan a las diversas sociedades y razas de todo el mundo. Reyes, esbirros, esclavos, mendicantes, soldados de diversas etnias; palacios y palacetes, palafreneros, guardias; silfos, ondinas, salamandras, gnomos; todo en un mundo de fantasía, de magia y de luz. Allí se representan los mundos sutiles, conjugados con la materia misma: la vida. Allí están todas las pasiones humanas: el odio, los celos, el temor, la venganza, la avaricia, y triunfantes: el amor, la alegría, la esperanza, la paz, y el regocijo.

Todas las imágenes posibles, todos los actos humanos y divinos se esconden tras el telón de cualquier teatro del mundo, en cualquier idioma, a cualquier hora y con los actores más sensitivos.

Nada nuevo puede representarse en ese redondel, símbolo del espíritu humano, y sin embargo nada más antiguo ya que vivimos un eterno presente.

En ese lugar se combinan los excelsos acordes de la música, con las escenas espléndidas en que los seres humanos son los protagonistas; pero al final comprendemos que sólo son las urdimbres del alma, los movimientos de la divina serpiente de la sensibilidad, que se ha concretado en las civilizaciones más avanzadas.

"En las creaciones del arte, las imágenes del mundo son adecuaciones al recuerdo donde se nos representan fuera del tiempo, en una visión inmutable." Nos dice Ramón del Valle Inclán en su *Lámpara maravillosa*; para enseñarnos que moramos en el himen de la eternidad, pero aún no lo comprendemos a cabalidad.

Y aunque no nos parece bueno alargar la lista de cuantas obras de teatro ha producido el género humano, para cansar al lector, bástenos saber que la producción es tan extensa e innumerable, pues las obras de la literatura han sido convertidas después, en obras de teatro para representarlas, ya que hay otras no menos valiosas que se encarnan en los teatros de ópera de las grandes ciudades.

LA IMAGINACIÓN CREADORA EN LA ÓPERA

Este género artístico, ha proporcionado a la humanidad conocimientos realmente valiosos. Destaquemos entonces algunas cuyo contenido es en realidad como dicen los hombres sabios: *"miel y leche"*, para quien busca el dulce néctar de la sabiduría.

El fausto de *Goethe*, contiene verdades ocultas acerca de las huestes angélicas, de los tronos, principados y potestades que rodean a la Divinidad; además de mostrar cómo el poder del amor rompe todas las barreras con su soberano dinamismo; no nos podemos detener a hacer un análisis extenso. Max Heindel, en su introducción a *Los misterios de las grandes óperas*, dice al respecto:

> "Al mencionar el nombre de Fausto la mayoría de la gente educada piensa en seguida en la adaptación escénica de esta ópera, hecha por Gounod. Algunos admiran la música, pero el argumento no parece impresionar a nadie de una manera particular. Tal como se nos presenta en esta ópera parece ser la historia, desgraciadamente demasiado común, de un hombre sensual que traiciona a una ingenua doncella, abandonándola después para que expíe su locura y sufra por su exceso de confianza. El aspecto de magia y brujería de algunas escenas de la obra, es considerado por la

mayoría de la gente como fantasías de un autor que las ha introducido para dar más vigor e interés a las acciones sórdidas de la vida. Cuando Fausto es llevado por Mefistófeles a los infiernos y Margarita sube al cielo en alas angelicales al final de la obra, la gente, en general, se imagina que ésta es precisamente la moraleja que conviene dar para concluir dignamente la obra. Una pequeña minoría sabe que la ópera de Gounod está basada en el drama de Goethe; y los que han estudiado las dos partes de este drama se forman de él una idea muy distinta de la que les sugiere el argumento de la ópera. Solamente los contados místicos iluminados, ven en la obra de Goethe la mano inequívoca de un compañero Iniciado e iluminado, y se dan perfecta cuenta de la gran significación cósmica que hay en la obra."[46]

Pero no es esta obra únicamente, la que contiene grandes verdades del género humano:

Parsifal de *Richard Wagner*, encierra en el nombre mismo la trascendental clave, ya que proviene de *"Per se val"*; es decir de quien vale por sí mismo.

La verdad se ha mostrado en cuentos de hadas, leyendas, mitos, óperas, en hieroglifos, en petroglifos y hasta *escondida* en uno de los más famosos libros: *El*

[46]HEINDEL, Max. Misterios de las grandes óperas. Biblioteca virtual Upasika. Colección "Rosae Crucis" N° 13. Pág. 4

mutus liber; pero acabemos con estas disquisiciones que alejan al profano del tema que tratamos aquí. Dejemos claro, que el conocimiento aún no está perdido. Ha sido velado, pero para quien busca con ahínco, no le será negado. Citemos otras óperas importantes:

"Aída", "Nabuco", "La traviata" "Rigoletto", "Otelo", "El trovador", "Don Carlos", "Simón Boccanegra" de Giuseppe Verdi, *"La flauta mágica", "Las bodas de Fígaro", "Don Giovanny", "El rapto en el serrallo" y "La clemencia de Tito"* de Wolfgang Amadeus Mozart; *"Tosca", "La Boheme", "Turandot", "Madama Butterfly" y "Manot Lescaut"* de Giacomo Puccini; *"Carmen"* de Georges Bizet. *"El barbero de Sevilla", "La cenicienta", "Guillermo Tell" y "La gazza ladra" de Gioachino Rossini; "La fábula de Orfeo" y "La coronación de Popea"* de Claudio Monteverdi; *"Pagliacci" de Rugero Leoncavallo; "El elixir de amor", "La hija del regimiento" y "Lucía de Lammermoor"* de Gaetano Donizetti, *"Norma" y "Los puritanos de Escocia", "Fidelio", "Cosi fan tutte"* de Ludwing Van Beethoven; *"Tanhauser", "El anillo del Nibelungo", "Tristán e Isolda", "Parsifal", "Las Walquirias", "Lohengrin", "El ocaso de los dioses" y "Los maestros cantores"* de Richard Wagner; *"Orfeo y Eurídice"* de Christoph Willibald Gluck; *"Cavalleria rusticana"* de Pietro Mascagni; *"Don Pasqualle"* de Gaetano Donizetti; *"Dido y Eneas"* de Henry Purcell; *"Fausto"* de Charles Gounod; *"Rinaldo"* de Georg Friedrich Handel; *"El caballero de la rosa" de Richard Strauss, y "Los troyanos"* de Héctor Berlioz.

LA IMAGINACIÓN CREADORA EN EL BALLET

Y aunque esto nos parezca completo, sería para nosotros injusto, bastarnos con la representación operística, ya que nos hace falta señalar un género mucho más sutil quizá, más delicado y, por ende, más espiritual quizá: el del Ballet, que se acerca realmente a la delicada acción de los seres semidivinos que se encuentran entre el hombre y otros espíritus más elevados en el orden jerárquico hacia la Divinidad.

Enumeremos apenas, algunas de ellas:

"Giselle" de Teófilo Gautier;

"La bella durmiente", "El cascanueces" y *"El lago de los cisnes", "Romeo y Julieta"* de Tchaikovsky.

"Don Quijote" de Niwkus; *"La muerte del cisne"* de Saint Saens; *"El sombrero de tres picos"* de Manuel de Falla.

"El pájaro de fuego", "La consagración de la primavera", "Petrushka, "La historia del soldado" y "El laberinto" de Igor Stravinski.

"Giselle", "Diable à quatre", "Le Corsaire", "Les mohicans", "La Jolie Fille de Gand" de Adolphe Adam.

"Herrumbre", "Diecisiete", "Alas", "Hevel", "Cobalto", "Jardín infinito" y *"Static Time"* de Pedro Alcalde.

"Corroboree" de John Antill.

Aunque estas listas son un poco sucintas, cabe agregar que las representaciones han aportado a la humanidad un conocimiento mucho más bello, mucho más cercano al espíritu humano y por qué no decirlo: al *espíritu divino* que mora en cada uno de nosotros; y al *Ánima Mundi*, al Alma Universal.

Cada uno de estos dramas, tocan las íntimas fibras de nuestros corazones y nos hacen sentir que somos partícipes de la misma divinidad.

Estos maravillosos —seres creadores— dotados de exquisita sensibilidad nos han aportado nuevos acordes, sentimientos, nuevas modalidades musicales y expresiones cada vez más sutiles, lográndonos trasportar a estados sublimes, donde no sabemos si estamos en nuestro mundo físico o tocamos las lindes de lo infinito.

Algunas notas, sostenidas, hacen vibrar las cien mil millones, de neuronas que componen nuestro sistema nervioso central y que nos conectan con la misma divinidad latente en nuestro interior. Comprendemos—, por el dolor manifiesto en los actores—, el dolor de los demás seres humanos y nos congraciamos con la alegría y el júbilo cuando nos representan el triunfo.

¿Cómo no convalidar esta expresión humana que ha venido creciendo a través del tiempo y que se ha alimentado de otras artes menores? ¿Cómo no alegrar nuestro espíritu y ser más condescendientes con los otros congéneres, si comprendemos que somos una sola familia? La humanidad ¿y que en nosotros arde el fuego divino?

¡Agradezcamos por tener la oportunidad de poder gozar de las creaciones sublimes de quienes se han dedicado a cultivar su sensibilidad de forma tan portentosa!

LA IMAGINACIÓN CREADORA EN LA PINTURA

En el arte de la pintura y desde los inicios de la humanidad, innumerable cantidad de seres, nos han dejado una visión mucho más amplia del aspecto creativo y nos han enseñado que la parte pictórica es fundamental para la comprensión de aquello que había en el interior de la sociedad y de cuanto los rodeaba, pero también del sentir que les motivaba para expresar las cosas; aunque no necesariamente para dejar legados a la posteridad.

Señalemos las pinturas rupestres de la cueva de Altamira, las pinturas murales de mastaba de Nefermaat y su esposa Atet (Itet), en Meidum, 100 kilómetros al sur de lo que hoy es El Cairo.

Se destaca luego, el *"friso de las ocas"*, encontrado en la capilla de Atet, alrededor del 2700- 2600 a.C. Obra de gran naturalidad que describe tres parejas de ocas del Nilo en diferentes posturas. En ella hay una gran variedad de pigmentos: malaquita, azurita y óxido de hierro.

"Los frescos de los delfines" de Knossos en la isla de Creta entre el 1800-1400 a.C.

"La batalla de Issos" de Grecia en el siglo 170 a.C.

"La poetisa de Pompeya" que data del siglo I d.C. y que corresponde a una pintura mural y que parece ser Safo de Mitilene.

"La batalla de Issos" Grecia siglo 170 a.C.

"El Festival Qingming junto al río Zhang Zeduan." Pintura China, 1085-1145 d.C.; es una obra formidable, llena de minuciosos detalles de gran factura y de impecable técnica. Las figuras, en total: 814, están bien delineadas y determinadas.

"Paseo por el sendero de una montaña en primavera", hallado en Ma Yuan. China, 1160–65–1225

d.C. Es una obra sencilla y llena de encanto, en la que un aparente monje contempla el infinito.

"El Códice Borgia" o *"Codex Yoalli Ehecatl."* Sus autores son desconocidos.1300-1400 d.C., y nos da a conocer los aspectos de la vida de la cultura Mixteca.

"La masacre de los inocentes." Giotto Di Bondone. Italia. 1267-1337.

"El Matrimonio Arnolfini" Jan Van Eyck. 1390-144. Obra llena de gran originalidad, belleza y dulzura en la que aparece la mujer en embarazo y con serenidad pasmosa entre ambos.

"La Batalla de San Romano" Paolo Uccello. Italia. 1397-1475. Obra llena de movimiento y de belleza estilística, donde se manejan varios planos de acción y de gran contraste y colorido.

"El sueño de Constantino" Piero Della Francesca. 1415-1492. Escena nocturna, donde los protagonistas son los guardias expectantes y una tienda donde yace dormido Constantino. Hay una tenue iluminación que da más belleza al conjunto pictórico.

"Alta montaña" Shen Zhou. China. 1427-1509. Obra llena de majestuosidad del paisaje. Los detalles y rugosidades de las montañas nos dejan perplejos y la altura de la montaña nos sorprende, a diferencia de la línea pura predominante en la pintura China.

Alta montaña Shen Zou. China 1427-1509

"La tempestad" Giorgione. Italia, 1477-1510. Pintura llena de contraste entre la tempestad que se avecina y la quietud aparente entre una mujer con un niño en sus brazos y un hombre parado en actitud de calma. A su lado pasa un tranquilo riachuelo.

"Retrato de cardenal" Rafaello Sanzio. Italia, 1483-1520. Una imagen de un joven bastante despiadado y que moriría asesinado ese mismo año.

. *"Escuela de Atenas"* Rafaello Sanzio. Italia, 1483-1520. Es la pintura de un espacio abierto donde se encuentran algunos filósofos griegos: Aristóteles y Platón, aparecen conversando, rodeados de muchos pensadores en

diferentes posiciones. Aquí hay un trabajo excelso de perspectiva y de distribución espacial, además de un esmerado cuidado de los detalles. Es de anotar que hay gran cantidad de filósofos reunidos en este lugar.

"Vista de arco" Alberto Durero. Alemania, 1471-1528. Es una pintura de una montaña vista desde un altozano y pintada con maestría, nos muestra detalles preciosos del paisaje.

"Tríptico del jardín de las delicias" El Bosco. Hyeronimus Bosch. Holanda, 1450-1516). Es una pintura dotada de surrealismo, de originalidad y que causa asombro y perplejidad por las figuras contrahechas pero que incitan a mirar con mayor detenimiento para encontrar el sentido escondido en el conjunto total. De ella nacería un mayor movimiento o más bien, motivaría a Salvador Dalí a pintar sus reconocidas obras.

"El juicio final" Miguel Ángel Buonarroti

"El juicio final" Miguel Ángel Buonarroti es una monumental obra que se encuentra en la Capilla Sixtina y que ha asombrado por su fuerza y belleza de composición, además de un alto sentido religioso y de sus figuras dotadas de vigor, hermosura y armonía.

"Akbar observa una batalla entre dos grupos rivales" miniatura del Akbar Nama.1570 India. Es una obra maestra llena de personas que atacan con sus espadas. En ella se destacan grupos alrededor de una

figura de un hombre montado a caballo en lo alto de una montaña.

"La vocación de San Mateo" Michelangelo Merisi da Caravaggio. Italia.1571-1610. Es una pintura de un cuarto oscuro que se llena de luz a través de una ventana. Cinco de ellos al lado izquierdo y al lado derecho un hombre mira atento a San Mateo quien parece aleccionarle. Esta pintura está llena de contraste y de cierto sentido espiritualizante.

"La Gioconda o *Monalisa"* Leonardo Da Vinci. Italia. 1452-1519. Ésta es quizá una de las más importantes del mundo, ya que ha causado inquietud su enigmático gesto, siendo admirada y controvertida. Se encuentra en el museo del Louvre en París.

"La ronda de noche" o *"La ronda nocturna"* Rembrandt Van Rijn. Holanda, 1606-1669. La obra es una escena militar, donde predominan las armas, mezcladas con personajes del pueblo. En el centro ocupan a vista cuatro personas llenas de luz y a los lados una semipenumbra. Un perro al lado derecho nos invita a poner un poco más de atención. Es asombrosa por el manejo del movimiento y de la perfección en la composición.

"La familia de Felipe IV" llamado también "Las Meninas" Diego De Velázquez. España, 1599-1660. Es un autorretrato; escena casi familiar llena de gracia y de luz, donde se definen muy bien las figuras de las personas. Un perro sentado a la derecha, mira hacia una de las mujeres.

"Vista de Delft" Johannes Vermeer. Holanda, 1632-1675. Es ésta una de las obras más famosas de la pintura. Su perfección en la ejecución del cielo y la proyección de la ciudad en el agua, aparte de su luminosidad, no dejan lugar a dudas al respecto. Es considerada como la precursora del impresionismo.

"Acantilados blancos en Rügen" o "Rocas cretáceas en Rügen" Caspar David Friedrich. Alemania, 1774-1840. Esta obra representa un viaje realizado por el pintor a los acantilados, en el que además se retrata con su esposa y su hermano Christian. El predominio de la luz y el esplendor del mar mirado desde el acantilado, aparte de la sencillez de los árboles y las rocas que lo enmarcan, hacen de ella una obra maestra.

"Gioconda" o *"Monalisa"* Leonardo Da Vinci

"El caballo blanco" John Constable. Inglaterra, 1776-1837. Una escena campestre en la que predomina el agua a ambos lados, la vegetación y el cielo azul iluminado. Al lado izquierdo hay un caballo blanco y varios hombres.

"El perro" o "Perro semihundido". Francisco De Goya (España, 1746-1828. La profundidad es lo que más nos asombra en esta pintura, además de la pequeñez del perro y de los colores ocres y el color del agua en el que está sumergido el can.

"La Libertad guiando al pueblo" Eugène Delacroix. 1830. Francia. Portando una bandera, una mujer con el busto semidesnudo, guía a su pueblo en medio del fragor de una batalla, que parece adquirir más fuerza su ademán para avanzar.

"La Ola" o "La gran ola de Kanagawa". Katsushika Hokusai. Japón, 1760-1849. Se conjugan aquí dos visiones: la del monte Fuji, al fondo una ola inmensa en movimiento, junto a otras que le acompañan. Las líneas son armónicas y fuertes para expresar la furia del mar.

"Lluvia, vapor y velocidad" o "El gran ferrocarril del Oeste". Joseph Mallor William Turner. Reino Unido., 1775-1851. Turner es uno de los más fantásticos paisajistas de todos los tiempos, por su maestría en el manejo del color y de las formas, además de mostrar los fenómenos naturales con un realismo extraordinario. Su difuminado nos permite apreciar el vapor en una forma que nos parece ver en ese mismo instante, aparte de la tenuidad de la lluvia.

"La escuela de Atenas" Rafaello Sanzio.

"Espíritus afines". "Afinidad de espíritus". Asher Brown Durand. EE.UU. 1796-1886. El paisaje representa a dos hombres, sin duda alguna, dos amigos que comparten el espectáculo de la naturaleza desde una roca, al pie de un árbol. Al fondo la luz esplendorosa brilla y bajo las montañas, corre un río. Al frente se yergue una montaña también rocosa. El manejo del color y de la luz es magistral.

"Súbita lluvia sobre el Puente Atake" Ando Hiroshige. Llamado Utagawa Hiroshige / Andō Tokutarō. Japón, 1797-1858. Es un grabado, que de manera sencilla y hermosa nos muestra el instante en que la lluvia fina se derrama sobre un puente por el que pasan varias personas con paraguas y a un lado un hombre viaja sobre una embarcación.

"Baile en el Moulin de la Galette" Pierre Auguste Renoir. Francia, 1841-1919.Considerada como la pintura más bella del siglo veinte. En ella están retratados algunos amigos que frecuentaban el lugar. El tono predominante de la obra es el azul.

La libertad guiando al pueblo. Eugène Delacroix. Francia

"La noche estrellada" Vincent Van Gogh. Holanda, 1853-1890. Ésta es una de las obras más representativas del artista y en la que el movimiento de las ondas luminosas es el protagonista. Sus tonos son destellantes y brindan a nuestra alma la alegría de contemplar el paisaje.

"Summer night" "Noche de verano". Winslow Homer. EE.UU., 1836-1910. Una pareja bailando frente al mar lleno de espuma y hacia arriba el firmamento un poco más oscuro, dan la sensación de goce y alegría.

El sueño. Henri Rousseau. Francia.

"La Catedral de Rouen". Serie de pinturas. Claude Monet. Francia, 1840-1926. Obra máxima del expresionismo, en la que los sentidos nos obligan a

interpretar la imagen, la que aparece a nuestros ojos como por arte de magia.

"El Grito" Edvard Munch. Noruega, 1863–1944. Nos encontramos ante una obra que nos toca las íntimas fibras del alma. Sus fuertes colores, logran impresionarnos y el grito parece verse en el aire.

"¿De dónde venimos? ¿Quiénes somos? ¿A dónde vamos?" Paul Gauguin. Francia, 1848-1903. Es una composición de varios grupos de personas en reposo. Llena de luz como todas sus obras.

"La Montaña Sainte-Victoire vista desde Lauves" Paul Cézanne. Francia, 1839-1906. Es un paisaje sencillo y lleno de colorido a la manera de Paul Cézanne, dándonos una visión un tanto ingenua y hermosa.

"Las Señoritas de Avignon". Pablo Picasso. España, 1881–1973. Obra maestra de Pablo Ruiz Picasso, con la que se inició el movimiento cubista que había de llevarle a la fama.

"El sueño". Henri Rousseau. Francia, 1844-1910. Es quizá una de las más encantadoras obras de la pintura universal donde muestra su magistral manejo de la técnica aunado a esa mirada limpia del pintor.

"Composición VII". Wassily Kandinsky. Rusia, 1866-1944. Su obra llena de detalles, color y de excelente composición, despuntó en el pasado siglo como una obra de vanguardia.

"Paris a través de la ventana". Marc Chagall. Rusia, 1887-1985. Aquí nos encontramos con una de aquellas obras que aparentan ser para niños, pero encierran un sentido de estética y belleza único.

La última cena. Salvador Dalí.

"Desnudo bajando una escalera nº2". Marcel Duchamp. Francia, 1887-1968. Obra vanguardista y atrevida para su época, en la que se expresa ritmo y movimiento.

"Broadway boogie-woogie." Piet Mondrian. Holanda, 1872-1944. Esta es una obra un tanto alegre de lo que representa una ciudad.

"Nighthawks". Edward Hopper. EE. UU, 1882-1967. Tres visitantes de un amplio bar donde el claroscuro contrasta con la luz donde se encuentra el dependiente. Causa a la vista sensación de calma.

"La última cena" Salvador Dalí. 1904- 1989. Es una pintura llena de simbolismo como todas sus obras. Jesucristo, al centro de una mesa cuadrada, pero que se halla inscrita en icosaedro, símbolo de perfección; a su lado se encuentran los apóstoles en actitud de adoración y al fondo las montañas y una brillante luz. Encima, el torso de un hombre con las manos en actitud de adoración. Es una obra espléndida y admirable.

"Blue Poles". Jackson Pollock. EE.UU. 1912-1956. Obra donde predominan las texturas entretejidas con colores claros, pero con perfecto contraste.

"Woman I". "Mujer I". Willem De Kooning. Holanda / EE. UU, 1904-1997. Obra sobre una mujer que genera un sentido de terribilidad. Hay caos creado a propósito.

"A Bigger Splash." David Hockney. Inglaterra, nacido en 1937. Hay un predominio de las formas rectangulares. La pintura está centrada en el chapoteo como fuerte movimiento del agua.

"Boy and Dog in a Johnny pump". "Chico y perro junto a una boca de incendio". Jean-Michel Basquiat. EE.UU., 1960-1988. Predominan los colores fuertes. Las figuras de los dos personajes generan en nosotros un sentido de feroz agresividad.[47]

---

[47] THEARTWOLF.COM Obras maestras de la pintura.

LA IMAGINACIÓN CREADORA EN LA ESCULTURA

"¡En la escultura! Nada de eso. En la escultura el ideal más elevado, debe ser, por lo menos, la parte más esencial."

Sir Edwardo Bulwer Lytton. Zanoni.

La imaginación creadora, le ha permitido al hombre ejecutar obras magníficas en este hermoso arte. Desde la antigüedad los seres humanos que han poseído elevados ideales, nos han recreado instantes y rostros de dioses, semidioses y de prohombres que han poblado el planeta tierra.

Para poder abstraerse, crear, y legar esas magníficas esculturas, sus artífices, debieron ser hombres con el más alto ideal; debieron traspasar la barrera de la sensibilidad común y así lograr esas esbeltas, proporcionadas y bellas figuras; algunas casi nos parece que hablaran o miraran al infinito.

Dentro de esta hermosa disciplina estética, se destacan escultores como: Miguel Ángel Buonarroti, Donatello, Rodin, Brunelleschi, etc. Pero hagamos un recuento de algunas de las más grandes obras:

"*La esfinge de Guiza*". Se encuentra en La ciudad de Guiza a veinte kilómetros del sudoeste del centro de El Cairo. Se cree que fue esculpida en el siglo XVI a.C., durante la dinastía IV de Egipto. Algunos lugareños le han denominado *hu* o *ju*, que significa "el guardián" o "vigilante". Algunos textos de ocultistas dicen que bajo sus losas, hay una entrada para un salón en el que eran puestos a prueba los hierofantes para acceder a conocimientos profundos acerca de la naturaleza, del hombre y de Dios.

La esfinge de Giza

Las medidas de La esfinge son: 20mx 19mx 73. Dice Papus en su *Tratado elemental de ciencia oculta*:

> "Los templos pueden ser derribados, pueden los libros desaparecer sin que los conocimientos superiores adquiridos por los antiguos, hayan de ser olvidados. La esfinge queda y basta.

Símbolo de la unidad, resume en sí todas las formas más dispersas entre sí. Símbolo de la verdad, muestra la razón de todos los errores en sus mismos contrastes. Símbolo de lo Absoluto exhibe el cuaternario misterioso. Mi religión es solo la verdadera grita el fanático cristiano. La vuestra es obra de un impostor, solo la mía viene de Dios, responde un judío. Todos vuestros libros santos son copias de nuestra revelación, escribe un indio. Todas las religiones son mentiras, nada existe fuera de la materia, los principios de todos los cultos, proceden de la contemplación de os astros; únicamente la ciencia es verdadera, sostiene el sabio.

Y la esfinge se yergue sobre todas las disputas, inmóvil, resumen de la unidad de todos los cultos y de todas las ciencias. Muestra el cristiano el ángel, el águila, el león y el toro que acompañan a los evangelistas; el judío reconoce el sueño del judío Ezequiel, el indio, los secretos de Ada Navi, y el sabio, al pasar altanero y desdeñoso, encuentra bajo

todos esos símbolos las leyes de las cuatro fuerzas elementales: magnetismo, electricidad, calor y luz."

"La piedad florentina" Miguel Ángel Buonarroti. Italiano. 1475-1564

"Baco" Miguel Ángel Buonarroti. Italiano. 1475-1564

"Madonna de la escala" Michelangelo. 1475-1574

“San Próculo”. Miguel Ángel Buonarroti. Italiano. 1475-1564

“Ángel con candelabro” Miguel Ángel Buonarroti. Italiano. 1475-1564

“El David” Miguel Ángel Buonarroti. Italiano. 1475-1564

“La Piedad” Miguel Ángel Buonarroti

“Madonna y niño” Michelangelo. 1475-1574

“La piedad” Miguel Ángel Buonarroti. Italiano. 1475-1564

“Moisés” Miguel Ángel Buonarroti. Italiano. 1475-1564

“San Marcos.” Donatello. Donato di Betto Bardi. 1386-1466.

“David”. Donatello. Donato di Betto Bardi. 1386-1466.

“La anunciación” Donatello. Donato di Betto Bardi. 1386-1466.

“Monumento a El Gattamelata” Donatello. Donato di Betto Bardi. 1386-1466

“Madonna” Florencia Italia. Donatello. Donato di Betto Bardi. 1386-1466

“Virgen y niño entre San Francisco y San Antonio” Donatello. Donato di Betto Bardi. 1386-1466.

“San Rossore” Donatello. Donato di Betto Bardi. 1386-1466.

“Detalle en La tumba del antipapa Juan XXIII” Donatello. Donato di Betto Bardi. 1386-1466

“Papa León XI” Alessandro Algardi. Bolonia. Italia.1595-1654.

“San Juan evangelista” Alessandro Algardi. Bolonia. Italia.1595-1654.

“Moisés” Miguel Ángel Buonarroti.

"Papa Inocencio X" Alessandro Algardi. Bolonia. Italia.1595-1654.

"Encuentro de papa León l con Atila" Alessandro Algardi. Bolonia. Italia.1595-1654.

"Busto de Olimpia Maidalchini" Alessandro Algardi. Bolonia. Italia.1595-1654.

"Busto de Laudivio Zacchia" Alessandro Algardi. Bolonia. Italia.1595-1654.

"Junio" Benedetto Antelami. Italia. 1170-1230.

"Agosto" Benedetto Antelami. Italia. 1170-1230

"Descenso de la cruz" Benedetto Antelami. Parma. Italia. 1170-1230.

"Busto de Constanza Bonarelli" Gian Lorenzo Bernini. 1598-1689.

"Beata Ludovica" Gian Lorenzo Bernini. 1598-1680.

"Hades y Perséfone" Gian Lorenzo Bernini. 1598-1680.

"David" Gian Lorenzo Bernini. 1598-1689.

"Fauno bromeando" Gian Lorenzo Bernini. 1598-1680.

"Santa Teresa" Nápoles. Gian Lorenzo Bernini. 1598-1680.

"Eva" Alonso Berruguete. España 1488-1561.

"San Sebastián" Alonso Berruguete. España 1488-1561.

"San Cristóbal" Alonso Berruguete. España 1488-1561.

"Adoración de los reyes magos" Alonso Berruguete. España 1488-1561.

"Ecce Homo" Alonso Berruguete. España 1488-1561.

"Dios de los jardines" François Joseph Bosio.1768-1845

"Ninfa de Salmacis" François Joseph Bosio.1768-1845

"Duquesa de Angouleme" François Joseph Bosio.1768-1845

"Escultura en bronce de Luis XIV" François Joseph Bosio.1768-1845

"Josefina" François Joseph Bosio.1768-1845

"Hércules y la serpiente" François Joseph Bosio.1768-1845

"Flagelo de Cristo" Edmé Bouchardon. 1698-1762

"Fauno somnoliento" Edmé Bouchardon. 1698-1762

"Sobre relieve en bronce" Filippo Brunelleschi.Florencia.1377-1446

"Cristo en la cruz" Filippo Brunelleschi.Florencia.1377-1446

"Duomo de Florencia" Filippo Brunelleschi.Florencia.1377-1446

"Recordatorio de familia Charpentier" Jean Antoine Houdon. Francia.1741-1828.

"Sabina" Jean Antoine Houdon. Francia.1741-1828.

"Siesta de Obideos" Jean Antoine Houdon. Francia.1741-1828.

"Thomas Jefferson" Jean Antoine Houdon. Francia.1741-1828.

"Robert Fulton" Jean Antoine Houdon. Francia.1741-182

"Napoleón" Jean Antoine Houdon. Francia.1741-1828.

"Benjamín Franklin" Jean Antoine Houdon. Francia.1741-1828.

"Niña con frio" Jean Antoine Houdon. Francia.1741-1828

"Pescador" Hiram Powers. Norte América. 1805-1873.

"Esclava griega" Hiram Powers. Norte América. 1805-1873.

"Katherine Foote" Hiram Powers. Norte América. 1805-1873.

"Busto de Perséfone" Hiram Powers. Norte América. 1805-1873.

"John Slidell" Hiram Powers. Norte América. 1805-1873.

"Cristo en la cruz" Pierre Puget. Francia.1620-1694.

"Cristo muriendo en la cruz" Pierre Puget. Francia.1620-1694.

"Virgen con el niño" Pierre Puget. Francia.1620-1694.

"Hércules gálico" Pierre Puget. Francia.1620-1694.

"Lapidación de San Pedro" Pierre Puget. Francia.1620-1694.

"Alejando y Diógenes" Pierre Puget. Francia.1620-1694.

"Los besadores" Francois Auguste-René Rodin. Francia.1840-1917.

"Luisa Lynch" Francois Auguste-René Rodin. Francia.1840-1917.

"Los amantes" Francois Auguste-René Rodin. Francia.1840-1917.

"El pensador" Francois Auguste-René Rodin. Francia.1840-1917.

"Orfeo y Eurídice" Francois Auguste-René Rodin. Francia.1840-1917.

"Katherine Seney" Francois Auguste-René Rodin. Francia.1840-1917.

"El poeta y la musa" Francois Auguste-René Rodin. Francia.1840-1917.

"La eterna primavera" Francois Auguste-René Rodin. Francia.1840-1917.

"Joven que sonríe" Francois Auguste-René Rodin. Francia.1840-1917.

"Caridad cristiana" Bertel Thordvalsen. Dinamarca.1770-1844.

"Cupido con la lira" Bertel Thordvalsen. Dinamarca.1770-1844.

"Jasón y el vellocino" Bertel Thordvalsen. Dinamarca.1770-1844.

"Las tres gracias" Bertel Thordvalsen. Dinamarca.1770-1844.

"París" Bertel Thordvalsen. Dinamarca.1770-1844.

"La matrona" Bertel Thordvalsen. Dinamarca.1770-1844.

"Cristo y santo Tomás" Verocchio. Andrea Di Cione.1435-1488.

"David" Verocchio. Andrea Di Cione.1435-1488.

"*Cristo"* Verocchio. Andrea Di Cione.1435-1488.

"Lorenzo de Medici" Verocchio. Andrea Di Cione.1435-1488.

"Estatua de Colleoni" Verocchio. Andrea Di Cione.1435-1488.

"Busto de dama" Verocchio. Andrea Di Cione.1435-1488.

"Niña con la vela" Lucca Della Robbia. Florencia.1399-1482.

"Cristo y santo Tomás" Lucca Della Robbia. Florencia.1399-1482.

"Madonna de la manzana" Lucca Della Robbia. Florencia.1399-1482.

"Tabernáculo" Lucca Della Robbia. Florencia.1399-1482.

"Virgen con lilas" Lucca Della Robbia. Florencia.1399-1482.

"Detalle de palco para coro" Lucca Della Robbia. Florencia.1399-1482.

"San Juan Bautista" Lorenzo Ghiberti. Italia.1378-1455

"Puertas del paraíso" Lorenzo Ghiberti. Italia.1378-1455

"Virgen y niño" Lorenzo Ghiberti. Italia.1378-1455

"Personaje bíblico" Lorenzo Ghiberti. Italia.1378-1455

"Isaac enviando a Esaú" Lorenzo Ghiberti. Italia.1378-1455

"San Mateo" Lorenzo Ghiberti. Italia.1378-1455

“La Escuela de Atenas” Rafael Sanzio. Italia. 1483-1520

“San Lucas” Gianbologna. Gian Boulogne. Flandes. 1529-1608

“Florencia vence a Pisa” Gianbologna. Gian Boulogne. Flandes. 1529-1608

“Astronomía” Gianbologna. Gian Boulogne. Flandes. 1529-1608

“Cósimo 1 de Médicis” Gianbologna. Gian Boulogne. Flandes. 1529-1608

“Psique al estilo italiano” Gianbologna. Gian Boulogne. Flandes. 1529-1608

“Ninfa y el sátiro” Gianbologna. Gian Boulogne. Flandes. 1529-1608

“Hércules y el centauro” Gianbologna. Gian Boulogne. Flandes. 1529-1608

“Escuela de Atenas” Rafael Sanzio

“Cristo en la columna” Gianbologna. Gian Boulogne. Flandes. 1529-1608

“Arquitectura” Gianbologna. Gian Boulogne. Flandes. 1529-1608

“Apolo con las ninfas “Francois Girardon. Francois Girardon Troyes. Francia .1628-1715.

“Madre dolorosa” “Francois Girardon. Francois Girardon Troyes. Francia .1628-1715.

"Alegoría" "Francois Girardon. Francois Girardon Troyes. Francia .1628-1715.

"Invierno" "Francois Girardon. Francois Girardon Troyes. Francia .1628-1715.

"Vaso de triunfo" "Francois Girardon. Francois Girardon Troyes. Francia .1628-1715.

"Plutón rapta a Proserpina" "Francois Girardon. Francois Girardon Troyes. Francia .1628-1715.

"Furia de Atamás" John Flaxman. Inglés.1755-1856.

"Monumento a Horacio" John Flaxman. Inglés.1755-1856.

"Abraham Balme" John Flaxman. Inglés.1755-1856.

"Atenea" Copia. Fidias. Grecia. 498-432 a.C.

"Esculpido en el Partenón" Fidias.Grecia.498-432 a.C.

"Esculpido en mármol al estilo Jónico" Fidias.Grecia.498-432 a.C.

"Sátiro" Escultura griega. Siglo IV a.C.

"Venus de Milo" Siglo V a.C.

"Apolo" Leócares. Grecia. 360-320 a.C.

"La pastora" István Ferenczy. Hungaro.1792-1856.

"Rosalía Schodel" István Ferenczy. Hùngaro.1792-1856.

"Poeta Ferenc kölcsey" István Ferenczy. Hùngaro.1792-1856.

"Busto de Ferenc Kasincsy" István Ferenczy. Hùngaro.1792-1856.

"Busto de la condesa Vicsay" István Ferenczy. Hngaro.1792-1856.

"Alegoría de la ciencia" István Ferenczy. Hùngaro.1792-1856.

"San Andrés" Francios Duquesnoy. Bélgica. 1597-1643

"Santa Susana" Francios Duquesnoy. Bélgica. 1597-1643

"Bacchino" Francios Duquesnoy. Bélgica. 1597-1643

"Adonis" Francios Duquesnoy. Bélgica. 1597-1643

"Bacus" Francios Duquesnoy. Bélgica. 1597-1643

"Apolo y Cupido" Francios Duquesnoy. Bélgica. 1597-1643

"La piedad" Georg Raphael Donner. Austria.1693-1741

"Fuente Danubio" Georg Raphael Donner. Austria.1693-1741

Esculpido de Fidias en el Partenón. Fidias. Grecia.

"Musa recostada con perro" Georg Raphael Donner. Austria.1693-1741

"Cristo ante Pilatos" Georg Raphael Donner. Austria.1693-1741

"Venus en el taller de forja de Vulcano" Georg Raphael Donner. Austria.1693-1741

"Consolando a María" Georg Raphael Donner. Austria.1693-1741

"Modestia" Antonio Corradini. Italia.1668-1752.

"Pureza" Antonio Corradini. Italia.1668-1752.

"La Piedad" Antonio Corradini. Italia.1668-1752.

"Mujer con velo" Antonio Corradini. Italia.1668-1752.

"Nessus y Deyanira" Antonio Corradini. Italia.1668-1752.

"Castidad" Antonio Corradini. Italia.1668-1752.

"Las tres gracias" Nicolás Cordier. Francia.1565-1612.

"David" Nicolás Cordier. Francia.1565-1612.

"Musa de Fontaineblue" Benvenuto Cellini.Florencia.1500-1571

"Perseo y Medusa" Benvenuto Cellini.Florencia.1500-1571

"Cristo en la cruz" Benvenuto Cellini.Florencia.1500-1571

"Busto de Cósimo de Médicis" Benvenuto Cellini.Florencia.1500-1571

"Pietro Bembo" Benvenuto Cellini.Florencia.1500-1571

"Salero de oro del rey Fernando I" Benvenuto Cellini.Florencia.1500-1571

"Narciso" Benvenuto Cellini.Florencia.1500-1571

"Ganimedes" Benvenuto Cellini.Florencia.1500-1571

"Venus y Marte" Antonio Canova. Italia. 1757-1822.

"Magdalena penitente" Antonio Canova. Italia. 1757-1822.

"Teseo y el minotauro" Antonio Canova. Italia. 1757-1822.

Cristo en la cruz. Benvenuto Cellini. Italia

"Gitana" Nicolás Cordier. Francia.1565-1612.

"Daedalus e Ícaro" Antonio Canova. Italia. 1757-1822.

"Paulina Borghese" Antonio Canova. Italia. 1757-1822.

"Eros y Psique" Antonio Canova. Italia. 1757-1822.[48]

[48]TARINGA. Escultores famosos y sus obras.

Podríamos continuar mostrando otras obras de grandes escultores, más no por eso, demeritar la labor de aquellos escultores de todos los tiempos y de nacionalidades diversas que han dejado sus creaciones. Bastaría entrar a los templos de cualquier religión: budismo, cristianismo, mahometismo, islamismo, hinduismo, taoísmo, etc., para encontrar esculturas en madera u otros materiales; además de visitar los museos que albergan infinidad de obras, para darnos cuenta del acervo cultural que poseemos, y de valorar la labor creativa de miles de seres, y de conocer el avance estético y de la sensibilidad cada vez mayor, para enaltecernos y dar gracias por poseer estos bienes y reconocer así el poder imaginativo de nuestra sociedad.

"Eros y Psique" *Canova*

LA IMAGINACIÓN CREADORA EN LA LITERATURA

Aquí, en este magno arte, se dan cita reyes, vagabundos, potentados y miserables. Todas las castas posibles del género humano muestran sus acciones, sus pensamientos e ideales. Reconocemos a los héroes de las grandes mitologías y nos preguntamos luego, si en verdad existieron; ya que hay trazas de esas ciudades en las que moraron posiblemente, y ahora están enterradas bajo tierra. Sus obras casi divinas nos conmueven, como nos conmocionan sus luchas; algunas tan grandes como su fortaleza.

Desde Homero, hemos sido tocados por la varita mágica del narrador y las hazañas contadas por ese cantor; y escritas luego, han llegado hasta nosotros para enseñarnos algo de tan bella época y alimentar nuestro espíritu de manera soberbia.

Luego, nos encontramos con las más grandes hazañas de los primeros habitantes de la milenaria India y de sus cantos plenos de espiritualidad y belleza; nos enriquecemos con las grandes historias contadas por la reina Sherezade, dentro de las que se destacan: *"Aladino y la lámpara maravillosa"*, *"Simbad el marino"* y *"Alí Babá y los cuarenta ladrones"*, que nos tocan el alma de niño que llevamos dentro y el alma aventurera que duerme en cada corazón.

Nos seducen con las narraciones de los caballeros como en *El Cantar de Roldán*; nos encariñamos con las acciones de *El Lazarillo de Tormes* y nos causa sentido de grandeza *el caballero castellano Rodrigo Díaz con El cid campeador,* pero mucho más, las aventuras maravillosas del caballero: *El ingenioso hidalgo Don Quijote de la mancha.*

Todas las posibilidades, todos los hechos posibles e imposibles han sido narrados para despertar algunas veces la sabiduría, otras el conocimiento del alma y a veces hacernos sonreír y regalarnos el gozo.

Es nuestro deber, embebernos de las obras de diferentes latitudes y de todos los tiempos para saber que el espíritu humano tiene facetas aún desconocidas que nos pueden dar las claves de nuestra existencia y elevarnos a los más altos ideales a los que podemos aspirar.

Ya hemos dado trazas de la participación de la imaginación en otras artes como la música, la danza, la escultura y la pintura. Es necesario saber, que también hemos sido beneficiados por cantores y escritores desde las más remotas edades de la humanidad. Obras de carácter épico, picaresco, dramático, historiográfico, biográfico, etc.

He aquí un recuento de algunas de las obras más famosas:

"Ramayana": Consta de 24.000 versos y 7 cantos. India.

"Mahabharata": Poema épico compuesto por más de 100.000 coplas. India.

"Pancha tantra" Colecciones de cuentos populares, escritos posiblemente en el siglo VI. India.

"Las mil y una noches" Cuentos tradicionales del oriente medio. Alrededor de 850 d.C.

"Ilíada" Homero. Compuesta por 24 cantos y unos 15.000 versos. Grecia.

"Odisea" Homero. Compuesta por 24 cantos. Grecia.

"Diálogos de Platón" Grecia.

"Eneida" Virgilio. Italia. Año 70 a.C.-19 a.C.

"Poemas de Horacio" Horacio. Italia. 65 a.C.- 8 a.C.

"El cantar de los Nibelungos" Anónimo. Alemania. Siglo XII.

"El conde de Lucanor" Obra narrativa de la literatura castellana medieval, escrita entre 1330 y 1335 por Don Juan Manuel, de Villena y nieto del rey Fernando III de Castilla. Su título completo y original en castellano medieval es *Libro de los enxiemplos del Conde Lucanor et de Patronio* (*Libro de los ejemplos del conde Lucanor y de Patronio*).

"Lazarillo de Tormes" Novela anónima española.

"La canción de Rolando" Francia. Poema épico. Fin del siglo XVI

"Cantar del Mío Cid" España. Fin del siglo XII o principio del siglo XIII

"La divina comedia" Dante Alighieri. Italia. 1525-1321.

"El Decamerón" Boccaccio.1313-1375. Italia.

"La poesía de Petrarca" Francesco Petrarca. Italia.

"Romeo y Julieta" William Shakespeare. Inglaterra. 1554-1616.

"El paraíso perdido" John Milton. 1608-1674. Inglaterra.

"Tartufo" Moliere. 1622-1673. Francia.

"Don Quijote de la mancha" Miguel de Cervantes Saavedra. 1547-1616. España.

"Robinson Crusoe" Daniel Defoe. Francia. 1660-1731

"Fausto" Johann Wolfgang von Goethe. Alemania. 1747-1832

"Mujercitas" Louisa May Alcot. E.E.U.U. 1832-1888

"Niebla" Miguel de Unamuno. España. 1864-1936

"Los miserables" Víctor Hugo. Francia. 1802-1885

"Atala" François Rene de Chateaubriand. Francia. 1678-1848.

"Rojo y negro" Stendhal. Francia. 1783-1842

"Berenice" Edgar Allan Poe. E.E.U.U. 1809-1849

"David Copperfield" Charles Dickens. Reino Unido.1812-1870

"Cumbres borrascosas" Emily Bronte. Reino Unido. 1818-1848

"Hojas de hierba" Walt Whitman. E.E.U.U. 1819-1942.

"Crimen y castigo" Fiódor Dostoievski. Rusia.1821-1881

"Acuérdate de mí" Lord Byron. Gran Bretaña. 1788-1824.

"Madame Bovary". Gustave Flaubert. Francia. 1821-1880

"Viaje al centro de la tierra" Julio Verne. Francia.1828-1905

"Tom Sawyer" Mark Twain. E.E.E.U.U. 1835-1910

"La isla del tesoro" Robert Louis Stevenson. Escocia. 1850-1894

"Gitanjali" Rabindranath Tagore. India.1861- 1941

"La lámpara maravillosa" Ramón María del Valle Inclán. España. 1866-1836

"Las aventuras de Huckleberry Finn" Mark Twain. E.E.U.U.1835-1910.

"*Rimas y leyendas"* Gustavo Adolfo Bécquer. España.1836-1870.

"*El contrabandista a pesar suyo"* Alejandro Dumas, padre. Francia.1802-1870.

"Jane Eyre" Charlotte Bronte. Reino Unido. 1816-1955

"La dama de las camelias" Alejandro Dumas, hijo. Francia.1824-1895.

"Memorias de un loco" Flaubert. Francia.1821-1880.

"Guerra y paz" León Tolstoi. Rusia.1828-1910

"Ben Hur" Lewis Wallace. E.E.U.U.1827-1905

"Eugenia Grandet" Honoré de Balzac. Francia. 1799-1850.

"El Horla" Guy de Maupassant. Francia. 1850-1893.

"*Marínela"* Benito Pérez Galdós. España. 1843-1920.

"*El retrato de Dorian Gray"* Oscar Wilde. Inglaterra.1854-1900

"El principito" Antoine de Saint Exupery. Francia. 1900-1944

"Lo que el viento se llevó" Margaret Mitchell. E.E.U.U. 1900-1949

"Las flores del mal" Charles Baudelaire. Francia. 1821-1867.

"Veinte mil leguas de viaje submarino" Julio Verne. Francia. 1828-1905

"Alicia en el país de las maravillas" Lewis Carroll. Reino Unido. 1832-1898.

"Una temporada en el infierno" Arthur Rimbaud. Francia. 1854 -1891.

"*Romanzas sin palabras*" Paul Verlaine. Francia. 1844-1896.

"*Veinticinco poemas"* Tristán Tzara. Rumania.1896-1963.

"Manifiesto del surrealismo" André Bretón. Francia. 1896-1966.

"La historia interminable" Michel Ende. Alemania. 1929-1995.

"Momo" Michel Ende. Alemania. 1929-1995.

"El extranjero" Albert Camus. Francia.1913-1960.

"Metamorfosis" Franz Kafka. Checoslovaquia.1883-1924.

"Ulises" James Joyce. Irlanda.1882-1941.

"El viejo y el mar" Ernest Hemingway. E.E.U.U. 1899-1961.

"Las olas" Virginia Wolf. Inglaterra.1882-1941.

"La náusea" Jean Paul Sartre. Francia. 1905-1980.

"*Lolita"* Vladimir Nabókov. E.E.U.U. 1899- 1977.

"Trilogía el señor de los anillos" J.R.R. Tolkien. Sudáfrica. 1892-1973.

"Lo bello y lo triste" Yasunari kawabata. Japón. 1899 - 1972.

"*La insoportable levedad del ser"* Milan Kundera. Checoslovaquia. 1891-1971.

"En nombre de la rosa" Umberto Eco. Italia. 1932- 2016.

"Confesiones de una máscara" Yukio Mishima. Hiraoka Kimitake. Japón. 1925- 1970.

"*Cien años de soledad"* Gabriel García Márquez. Colombia. 1927- 2014.

LA IMAGINACIÓN CREADORA EN EL SÉPTIMO ARTE

Los inicios de la historia del cine, datan del 28 de diciembre de 1895, cuando los hermanos Lumiere, proyectaron la salida de obreros de una fábrica en Lyon.

El cine, se inició con cortos donde el rápido movimiento prevalecía, y el mensaje era dado mediante imágenes en blanco y negro, como en las películas de Charlie Chaplin; posteriormente apareció el color; luego el cine se hizo testimonial y pronto surgió el género musical.

Se profesionaliza el cine, cuando aparecen los grandes actores y los directores, y se inician los diferentes géneros.

La industria, ve con buenos ojos aquellas películas que generan altos dividendos y nacen los dibujos animados.

En las últimas décadas, se crean películas con efectos especiales y se internacionaliza en los grandes festivales donde se hace intercambio cultural.

Ha habido un progreso evidente y se ha avanzado, hasta crear una industria boyante lo cual no has permitido conocer —además— las grandes obras de la literatura universal, convertidas en imágenes, y hemos podido visualizar aquellas —exaltándonos— hasta lograr que nuestra alma vibre con las emociones representadas.

Se han producido algunas obras maestras por sus excelentes guiones, magnífica dirección, buena musicalización por su inmejorable adaptación y por sus efectos especiales. He aquí una muestra de algunas:

El Padrino (1972) Francis Ford Coppola

La Guerra de las Galaxias (1977) George Lucas

Pulp Fiction (1994) Quentin Tarantino

El Padrino Parte II (1974) Francis Ford Coppola

La Naranja Mecánica (1971) Stanley Kubrick

Psicosis (1960) Alfred Hitchcock

Taxi Driver (1976) Martin Scorsese

Lo que el viento se llevó (1939) Víctor Fleming

Casablanca (1942) Michael Curtiz

2001: Una Odisea Espacial (1968) Stanley Kubrick

El Gran Dictador (1940) Charlie Chaplin

El Mago de Oz (1939) Victor Fleming

Tiempos Modernos (1936) Charlie Chaplin

Ciudadano Kane (1941) Orson Welles

Apocalipsis Ahora (1979) Francis Ford Coppola

La Ventana Indiscreta (1954) Alfred Hitchcock

Con Faldas y a lo Loco (1959)

Toro Salvaje (1980) Martin Scorsese

¡Qué Bello es Vivir! (1946) Frank Capra

Vértigo (1958) Alfred Hitchcock

Buenos Muchachos (1990) Martin Scorsese

Con la Muerte en los Talones (1959) Alfred Hitchcock

Cantando Bajo la Lluvia (1952) Stanley Donen, Gene Kelly

Lawrence de Arabia (1962) David Lean

Los Siete Samuráis (1954) Akira Kurosawa

El Apartamento (1960) Billy Wilder

Nosferatu (1922) F.W. Murnau

Una Noche en la Ópera (1933) Sam Wood

La Quimera de Oro (1925) Charlie Chaplin

Sopa de Ganso (1933) Leo McCarey

Luces de la Ciudad (1931) Charlie Chaplin

¿Teléfono Rojo?, volamos hacia Moscú (1964) Stanley Kubrick

Río Bravo (1959) Howard Hawks

Metrópolis (1927) Fritz Lang

El Crepúsculo de los dioses (1950) Billy Wilder

El Hombre que mató a Liberty Valance (1962) John Ford

Ladrón de Bicicletas (1948) Vittorio de Sica

Un Perro Andaluz (1929) Luis Buñuel

La Dolce Vita (1960) Federico Fellini

Annie Hall (1977) Woody Allen

La Noche del Cazador (1955) Charles Laughton

El Séptimo Sello (1957) Ingmar Bergman

Las uvas de la ira (1940) John Ford

La Diligencia (1939) John Ford

El Tercer Hombre (1949) Carol Reed

La Fiera de Mi Niña (1948) Howard Hawks

Los Olvidados (1950) Luis Buñuel

Érase una vez en el Oeste (1968) Sergio Leone

Ser o no ser (1942) Ernst Lubitsch

El Acorazado Potemkin (1925) Sergei M. Eisenstein

Sed de Mal (1958) Orson Welles

Barrio Chino (1974) Roman Polanski

Gandhi (1982) Richard Attenborough

Terciopelo Azul (1986) David Lynch

Sucedió una Noche (1934) Frank Capra

Viridiana (1961) Luis Buñuel

Mulholland Drive (2001) David Lynch

El Maquinista de La General (1927) Buster Keaton, Clyde Bruckman

Los 400 Golpes (1959) François Truffaut

El Gabinete del Doctor Caligari (1920) Robert Wiene

8 ½ (1963) Federico Fellini

Rashomon (1950) Akira Kurosawa

El Sueño Eterno (1946) Howard Hawks

Roma, Ciudad Abierta (1945) Roberto Rossellini

La Strada (1954) Federico Fellini

Más Corazón que Odio (1956) John Ford

Fresas Silvestres (1957) Ingmar Bergman

Cuentos de Tokio (1953) Yasujiro Ozu

Persona (1966) Ingmar Bergman

La Pasión de Juana de Arco (1928) Carl Theodor Dreyer

Iván el Terrible (1944) Sergei M. Eisenstein

El Cuarto Mandamiento (1942) Orson Welles

Aguirre, la Ira de Dios (1972) Werner Herzog

Luna Nueva (1940) Howard Hawks

Amanecer (1927) F.W. Murnau

El Moderno Sherlock Holmes (1924) Buster Keaton

Breve encuentro (1945) David Lean

La Edad de Oro (1930) Luis Buñuel

Carta de una Desconocida (1949) Max Ophüls

La Gran Ilusión (1937) Jean Renoir

Intolerancia (1916) David W. Griffith

Te Querré Siempre (1954) Roberto Rossellin

Al Final de la Escapada (1960) Jean-Luc Godard

La Regla del Juego (1939) Jean Renoir

Andréi Rubliov (1966) Andrei Tarkovski

El Espejo (1975) Andrei Trakovski

Cita en St. Louis (1944) Vincente Minnelli

Deseando Amar (2000) Wong-Kar wai

Malas Tierras (1973) Terrence Malick

La Reina Cristina de Suecia (1933) Rouben Mamoulian

El Desprecio (1963) Jean-Luc Godard

Jules et Jim (1962) François Truffaut

Avaricia (1924) Erich von Stroheim

Todos nos llamamos Alí (1974) Rainer Werner Fassbinder

Las Zapatillas Rojas (1948) Michael Powell, Emeric Pressburger

Al Azar de Baltasar (1966) Robert Bresson

Pickpocket (1959) Robert Bresson

Cero en Conducta (1933) Jean Vigo

Pierrot El Loco (1965) Jean-Luc Godard

L'Atalante (1934) Jean Vigo

Los Niños del Paraíso (1945) Marcél Carné

Titanic. James Cameron (1997)

Trilogía el señor de los anillos. Peter Jackson. (2001-2003)

Alicia en el país de las maravillas. Tim Burton. Reino Unido. (2010)

CAPÍTULO XXI

GRANDES EXPONENTES DE LA IMAGINACIÓN CREADORA

JULIO VERNE

Insigne escritor futurista. Su nombre completo era Jules Gabriel Verne. Nació en Nantes, el 08 de febrero de 1828 y murió el 24 de marzo de 1905, en los albores del siglo XX. Fue un escritor, poeta y dramaturgo francés. Sus novelas fueron consideradas en su tiempo como obras de ciencia ficción; sin embargo, a él le debemos el avance de las ciencias, gracias a sus libros de aventuras, dentro de las cuales se encuentran:

Viaje al centro de la Tierra

De la Tierra a la Luna

Las aventuras del capitán Hateras

Los hijos del capitán Grant

Veinte mil leguas de viaje submarino

Alrededor de la Luna

Una ciudad flotante

Aventuras de tres rusos y tres ingleses en el África austral

El país de las pieles

La vuelta al mundo en 80 días.

La isla misteriosa

El Canciller

Miguel Strogoff, el correo del zar

Héctor Servadac

Las Indias negras

Un capitán de quince años

Los quinientos millones de la Begún.

Las tribulaciones de un chino en China.

La casa de vapor

La jangada

Sus obras, suman alrededor de setenta y dos, lo cual lo califica como un escritor prolífico, Fue condecorado con la Legión de Honor por sus aportes a la educación y a la ciencia.

"Todo lo que yo invento, todo lo que yo imagino, quedará siempre más acá de la verdad, porque llegará un momento en que las creaciones de la ciencia superarán a las de la imaginación."

Julio Verne

ALBERT EINSTEIN

Fue un físico alemán de origen judío, nació el 14 de marzo de 1879 en Ulm y falleció en Princeton E.E.U.U., el 18 de abril de 1955. En 1905, publicó la Teoría de la relatividad, determinando, además la fórmula: Energía, es igual a masa por velocidad al cuadrado.

Publicó, también: física estadística y mecánica cuántica.

En 1915 presentó la teoría de la relatividad general, en la que reformuló por completo el concepto de gravedad. Una de las consecuencias fue el surgimiento del estudio científico del origen y la evolución del Universo por la rama de la física denominada cosmología. En 1919, cuando las observaciones británicas de un eclipse solar confirmaron sus predicciones acerca de la curvatura de la luz, fue idolatrado por la prensa. Einstein se convirtió en un icono popular de la ciencia, mundialmente famoso, un privilegio al alcance de muy pocos científicos.

Por sus explicaciones sobre el efecto fotoeléctrico y sus numerosas contribuciones a la física teórica, en 1921 obtuvo el Premio Nobel de Física y no por la Teoría de la Relatividad, pues el científico a quien se encomendó la tarea de evaluarla no la entendió, y temieron correr el riesgo de que luego se demostrase errónea. En esa época era aún considerada un tanto controvertida.

Albert Einstein era un genio; fue un hombre que no necesitó laboratorios para formular su teoría de la relatividad. A él le bastó la imaginación para llegar a ella, y convertirse en el más reconocido físico del mundo entero.

Aunque poseía tantas capacidades, como anécdota, cabe recordar que llamaba a su casa para preguntar cuál era la dirección de su residencia.

En alguna ocasión, le preguntaron qué se debía hacer para dirigir a una joven para que se convirtiera en científica, a lo cual respondió: “leer libros de cuentos de hadas”

SALVADOR DALÍ

"En la escala de lo cósmico solo lo fantástico tiene posibilidad de ser verdadero."

Salvador Felipe Jacinto Dalí i Domènech, marqués de Dalí de Púbol. Nació en Figueras el 11 de mayo de 1904 y murió el 23 de enero de 1989 en la misma ciudad; fue pintor, escultor, grabador, escenógrafo y escritor español del siglo XX. Se le considera uno de los máximos representantes del surrealismo.

Sus obras se caracterizan por un marcado surrealismo, belleza en la ejecución, maestría e imaginación.

Llegó a decir de sí mismo, que era un genio, y en realidad, lo era, sin duda alguna.

Sus obras más famosas son:

La persistencia de la memoria

La desintegración de la persistencia de la memoria

La Madonna de Port LLigat

La Madonna

Niño geopolítico observando el nacimiento del hombre nuevo

La tentación de san Antonio

Nació en Portbandar, el 2 de octubre de 1869, cuando la india era británica y falleció el 30 de enero de 1948.

Su nombre era: **Mohandas Karamchand Gandhi.** Pertenecía a la casta de los Bania, y fueron, al parecer, almaceneros.

Fue un abogado, pensador y político hinduista indio.

Recibió de Rabindranath Tagore el nombre

honorífico de Mahatma, del que dijo que si moría al cumplirse dos condiciones: ser asesinado y pronunciar el nombre divino: **Rama**, lo aceptaría; cosas que se cumplieron al pie de la letra.

El pueblo hindú, lo llamó, además: **Bapu**, es decir, **padre**.

Cuando se graduó como abogado, y llegó a su país natal India, decidió quitarse los vestidos de gentleman y adoptar el sari. Se comprometió con la causa independentista de su país, siguiendo los principios de la **no-violencia**, y del **Satyagraha** o práctica de la verdad.

Sin utilizar armas y sin violencia, logró independizar a su país, y luchando además por **los descastados**, quienes no tenían derechos, siquiera a ser tocados o también llamados **los intocables**.

Utilizó un periódico del cual era director, llamado: **La Gran India**. Escribió, además, libros sobre vegetarianismo, planteando que se encontraría una planta de la cual se pudiera extraer leche, cosa que ocurrió tiempo después.

Practicó la castidad, el vegetarianismo, y el no consumo de alcohol, hasta el final de sus días.

Fue amigo personal de Rabindranath Tagore, Yogananda, de Annie Besant, y de Albert Einstein.

Obras:

Una vida por la libertad. Autobiografía.

Política de la no-violencia

Sobre el hinduismo

La verdad es Dios. Escritos desde mi experiencia de Dios.

La gran India (periódico)

RABINDRANATH TAGORE

Poeta Bengalí, nacido en Calcuta el 7 de mayo de 1861 y fallecido el 7 de agosto de 1941.

Poeta filósofo del movimiento Brahmo Samaj; posteriormente convertido al hinduismo. Artista, dramaturgo, músico, novelista y autor de canciones que fue premiado con el Premio Nobel de Literatura en 1913, convirtiéndose así en el primer laureado no europeo en obtener este reconocimiento.

Dos de sus canciones son ahora los himnos nacionales de Bangladés e India: el Amar Shonar Bangla y el Jana-Gana-Mana. El de la India con música del maestro Francisco Casanovas.

Fue amigo personal de Mahatma Gandhi y de Albert Einstein, y practicante de la no-violencia, predicada por el Mahatma.

Sus obras fueron traducidas por Juan Ramón Jiménez y por su esposa Zenobia Camprubí, al español.

Obras:

El jardinero

Gitanjali

Los cantos del crepúsculo

Pájaros y luciérnagas:

Pensamientos y aforismos

La voz de Bengala

Gora: Una juventud en la India

El rey del salón oscuro

Sacrificio

La hermana mayor

Las piedras hambrientas

El cartero del rey

El asceta

El rey y la reina

Recuerdos

La casa y el mundo

El jardinero

La ofrenda lírica

El movimiento nacional

El libro de los cumpleaños

Citra

Cantos de la aurora

La feria de la reina recién casada

El genio de Valmiki

Los cantos del crepúsculo

Cartas de un viajero

Fue tu voluntad hacerme infinito. Este frágil vaso mío tú lo derramas una y otra vez, y lo vuelves a llenar con nueva vida.
Tú has llevado por valles y colinas esta flautilla de caña, y has silbado en él las melodías eternamente nuevas.
Al contacto inmortal de tus manos, mi corazoncito se dila ta sin fin en la alegría, y da vida a la expresión inefable.
Tu dádiva infinita sólo puedo recogerla con estas pobres manitos mías. Y pasan los siglos, y tú sigues derramando, y siempre hay en ellas sitio que llenar.

Cuando tú me mandas que cante, mi corazón parece que va a romperse de orgullo. Te miro y me echo a llorar.

Todo lo duro y agrio de mi vida se me derrite en no sé que dulce melodía, y mi adoración tiende sus alas, alegre como un pájaro que va pasando la mar.

Sé que tú complaces en mi canto, que sólo vengo a ti com o cantor. Y con el fleco del ala inmensamente abierta de mi canto, toco tus pies, que nunca pude creer que alcanzaría.
Y canto, y el canto me emborracha, y olvido quien soy, y t e llamo amigo, a ti que eres mi señor.

¿Cómo cantas Tú, Señor? ¡Siempre te escucho mudo de a sombro!

La luz de tu música ilumina el mundo, su aliento va de cie lo a cielo, su raudal santo vence todos los pedregales y sigue, en un torbellino, adelante.

Mi corazón anhela ser uno con tu canto, pero en vano bu sca su voz.

Quiero hablar, pero mi palabra no se abre en melodía; y grito vencido.

¡Ay, cómo envuelves mi corazón en el enredo infinito de tu música, Señor!

GABRIEL GARCÍA MÁRQUEZ

Escritor colombiano, nacido en Aracataca, cuyo nombre real era: Gabriel José de la concordia García Márquez, nació el 6 de marzo de 1927, y falleció el 17 de abril de 2014 en la ciudad de México. Fue mucho más conocido como Gabo, o Gavito.

Su obra: "Cien años de soledad", catalogada como una obra maestra por su gran imaginación, ya que conjuga el buen uso del lenguaje, con una imaginación desbordante, catalogada por su realismo mágico.

Fue, además: escritor, novelista, cuentista, guionista, editor y periodista colombiano. En 1982 recibió el Premio Nobel de Literatura en 1982.

Obras

Cien años de soledad

El coronel no tiene quien le escriba

El otoño del patriarca

La hojarasca

El amor en los tiempos del cólera

Memoria de mis putas tristes

La mala hora

Los funerales de la mama grande

El general en su laberinto

Doce cuentos peregrinos

PLOTINO

Nació en Licópolis, actual Egipto en el año 205- Campania, actual Italia y falleció en el 270. Filósofo latino. Se le considera habitualmente como el fundador del neoplatonismo. Su pensamiento fue recopilado por su discípulo Porfirio en las Enéadas, seis libros divididos en nueve tratados cada uno. Su viaje con el emperador Gordiano le permitió tomar contacto con el pensamiento persa e indio, que difundió a su regreso (h. 244) en la escuela que abrió en Roma y en la cual enseñó a lo largo de veinticinco años.

Aunque Plotino presentaba sus enseñanzas como comentarios a la obra de Platón, su aportación trasciende el ejercicio de lectura y acaba generando una obra peculiar, aunque de clara resonancia platónica. Así, su doctrina responde a la demanda de espiritualidad y universalismo propia de la época a través de una síntesis del racionalismo griego y el pensamiento oriental.

Plotino, defiende un monoteísmo, pero a diferencia del cristianismo, que propone un Dios personal, afirma la absoluta negatividad de Dios, al que llama «lo Uno», y del que no es posible predicar ningún atributo, pues ello conllevaría limitación y por tanto imperfección. Lo Uno es causa de todo lo demás, pero no como resultado de su voluntad, sino como efecto necesario de su absoluta perfección; lo Uno genera por emanación, sin pérdida de la propia sustancia, y lo producido se estructura en sucesivos grados de imperfección (Inteligencia, Alma) hasta llegar al grado más bajo, la materia, pura privación y antítesis absoluta de lo Uno.

Sin embargo, la materia aún refleja lo Uno, su fuente, y trata de retornar a él, en un movimiento de signo inverso que es igualmente necesario. El hombre, integrado en este movimiento de retorno a lo Uno, debe evitar el autoengaño en que ha caído al entregarse a la pluralidad de los objetos y acciones, y buscar la verdad en sí mismo y en la negación de todo objeto y mediación, incluido el propio yo, por lo que la doctrina de Plotino deriva en una contemplación de índole mística.[49]

---

[49] LA ENCICLOPEDIA BIOGRÁFICA EN LÍNEA. Biografías y vidas.

LEONARDO DA VINCI

Nació en Vinci, Toscana en el año 1452 y murió en Amboise, Turena en el 1519. Fue un artista, pensador e investigador italiano que, por su insaciable curiosidad y su genio polifacético, representa el modelo más acabado del sabio renacentista.

Leonardo da Vinci era hijo ilegítimo de un abogado florentino, quien no le permitió conocer a su madre, una modesta campesina. Se formó como artista en Florencia, en el taller de Andrea del Verrocchio; pero gran parte de su carrera se desarrolló en otras ciudades italianas como Milán, en donde permaneció entre 1489 y 1499 bajo el mecenazgo del duque Ludovico Sforza, llamado el Moro, o Roma, en donde trabajó para Julio de Médicis. Aunque practicó las tres artes plásticas, no se ha conservado ninguna escultura suya y parece que ninguno de los edificios que diseñó llegó a construirse, por lo que de su obra como escultor y arquitecto sólo quedan indicios en sus notas y bocetos personales.

Es, por tanto, la obra pictórica de Leonardo da Vinci la que le ha hecho destacar como un personaje cumbre en la historia del arte. De la veintena de cuadros suyos conservados, destacan La Anunciación, La Virgen de las Rocas, La Santa Cena, La Virgen y Santa Ana, La Adoración de los Magos y el Retrato de Ginebra Benzi. El más célebre es sin duda La Mona Lisa o La Gioconda, retrato que tuvo al parecer como modelo a Mona (abreviatura de Madonna) Lisa Gherardini, esposa de Francisco Giocondo.

Autorretrato de Leonardo Da Vinci

Todas sus obras son composiciones muy estudiadas, basadas en la perfección del dibujo y con un cierto halo de misterio, en las que la gradación del color contribuye a completar el efecto de la perspectiva; en ellas introdujo la técnica del sfumato, que consistía en prescindir de los

Santa Ana, la virgen y el niño

contornos nítidos de la pintura del «Quattrocento» y difuminar los perfiles envolviendo las figuras en una especie de neblina característica. El propio Leonardo teorizó su concepción del arte pictórico como «imitación de la naturaleza» en un Tratado de pintura que sólo sería publicado en el siglo XVII.

Interesado por todas las ramas del saber y por todos los aspectos de la vida, los apuntes que dejó Leonardo (escritos de derecha a izquierda y salpicados de dibujos) contienen también incursiones en otros terrenos artísticos, como la música (en la que destacó tocando la lira) o la literatura. Según su criterio no debía existir separación entre el arte y la ciencia, como no la hubo en sus investigaciones, dirigidas de forma preferente hacia temas como la anatomía humana (avanzando en el conocimiento de los músculos, el ojo o la circulación de la sangre), la zoología (con especial atención a los mecanismos de vuelo de aves e insectos), la geología (con certeras observaciones sobre el origen de los fósiles), la astronomía (terreno en el que se anticipó a Galileo al defender que la Tierra era sólo un planeta del Sistema Solar), la física o la ingeniería.

En este último terreno fue donde quedó más patente su talento de precursor a juicio de las generaciones posteriores, ya que Leonardo concibió multitud de máquinas que no dio a conocer entre sus contemporáneos y que la técnica ha acabado por convertir en realidad siglos más tarde: aparatos de navegación (como un submarino, una campana de buceo y un salvavidas), máquinas voladoras (como el paracaídas, una especie de helicóptero y unas alas inspiradas en las de las aves para hacer volar a un hombre), máquinas de guerra (como un puente portátil y un anticipo del carro de combate del siglo XX), obras de ingeniería civil (como canalizaciones de agua o casas prefabricadas), herramientas y maquinaria de tipo industrial (como una hiladora, una laminadora, una draga o una cortadora de tornillos), fortificaciones, etcétera.

Sin embargo, el genio de Leonardo le encaminó a tal cantidad de objetivos diferentes que apenas ejerció influencia sobre la marcha de los distintos campos que tocó, aunque sí obtuvo un gran prestigio personal, que ha perdurado hasta nuestros días. Muchos de los proyectos que emprendió quedaron inacabados cuando otros nuevos atrajeron su interés; y, en cuanto a los inventos, se limitó a concebir ideas útiles, pero no se esforzó por plasmarlas en modelos viables que pudieran funcionar, por lo que la mayoría de sus investigaciones fueron especulaciones teóricas sin consecuencias prácticas. En ellas se concentró a partir de 1516 cuando, con las manos afectadas por una parálisis, pasó a vivir en Francia bajo la protección de Francisco I.[50]

---

[50] Biografías y Vidas. Blog citado.

MARTIN LUTHER KING

Martin Luther King Jr. nació en Atlanta, 1929 y falleció en Memphis en el año 1968. Pastor baptista estadounidense, defensor de los derechos civiles. La larga lucha de los norteamericanos de raza negra por alcanzar la plenitud de derechos conoció desde 1955 una aceleración en cuyo liderazgo iba a destacar muy pronto el joven pastor Martin Luther King. Su acción no violenta, inspirada en el ejemplo de Gandhi, movilizó a una porción creciente de la comunidad afroamericana hasta culminar en el verano de 1963 en la histórica marcha sobre Washington, que congregó a 250.000 manifestantes.

Allí, al pie del Lincoln Memorial, Martin Luther King pronunció el más célebre y conmovedor de sus espléndidos discursos, conocido por la fórmula que encabezaba la visión de un mundo justo: *I have a dream*

(Tengo un sueño). Pese a las detenciones y agresiones policiales o racistas, el movimiento por la igualdad civil fue arrancando sentencias judiciales y decisiones legislativas contra la segregación racial, y obtuvo el aval del premio Nobel de la Paz concedido a King en 1964. Lamentablemente, un destino funesto parece arrastrar a los apóstoles de la no violencia: al igual que su maestro Gandhi, Martin Luther King cayó asesinado cuatro años después.

Hijo de un ministro baptista, Martin Luther King estudió teología en la Universidad de Boston. Desde joven tomó conciencia de la situación de segregación social y racial en que vivían los negros de su país, y en especial los de los estados sureños. Convertido en pastor baptista, en 1954 se hizo cargo de una iglesia en la ciudad de Montgomery, Alabama.

Muy pronto dio muestras de su carisma y de su firme decisión de luchar por la defensa de los derechos civiles con métodos pacíficos, inspirándose en la figura de Mahatma Gandhi y en la teoría de la desobediencia civil de Henry David Thoreau. En agosto de 1955 una humilde modista negra, Rosa Parks, fue detenida y multada por sentarse en la sección reservada para blancos de un autobús; King dirigió un masivo boicot de más de un año contra la segregación en los autobuses municipales.

La fama de Martin Luther King se extendió rápidamente por todo el país y enseguida asumió la dirección del movimiento pacifista estadounidense, primero a través de la *Southern Cristian Leadership*

Conference y más tarde del *Congress of Racial Equality.* Asimismo, como miembro de la Asociación para el Progreso de la Gente de Color, abrió otro frente para lograr mejoras en sus condiciones de vida.

En 1960 aprovechó una sentada espontánea de estudiantes negros en Birmingham, Alabama, para iniciar una campaña de alcance nacional. En esta ocasión, Martin Luther King fue encarcelado y posteriormente liberado por la intercesión de John Fitgerald Kennedy, entonces candidato a la presidencia de Estados Unidos, pero logró para los negros la igualdad de acceso a las bibliotecas, los comedores y los estacionamientos.

En el verano de 1963, su lucha alcanzó uno de sus momentos culminantes al encabezar una gigantesca marcha sobre Washington en la que participaron unas 250.000 personas, ante las cuales pronunció el discurso hoy titulado *I have a dream* (Tengo un sueño), una bellísima alocución en favor de la paz y la igualdad entre los seres humanos. King y otros representantes de organizaciones antirracistas fueron recibidos por el presidente Kennedy, quien se comprometió a agilizar su política contra el segregacionismo en las escuelas y en la cuestión del desempleo, que afectaba de modo especial a la comunidad negra.

No obstante, ni las buenas intenciones del presidente, quien moriría asesinado meses más tarde, ni el vigor ético del mensaje de Martin Luther King, premio Nobel de la Paz en 1964, parecían suficientes para contener el avance de los grupos nacionalistas de color contrarios a la integración y favorables a la violencia, como Poder Negro, Panteras Negras y Musulmanes Negros. La permeabilidad de los colectivos de color (sobre todo de los que vivían en los guetos de Nueva York y de otros estados del norte) a la influencia de estos grupos violentos ponía en peligro el núcleo del mensaje de King, el pacifismo.

En marzo de 1965 encabezó una manifestación de miles de defensores de los derechos civiles que recorrieron casi un centenar de kilómetros, desde Selma, donde se habían producido actos de violencia racial, hasta Montgomery. La lucha de Martin Luther King tuvo un final trágico: el 4 de abril de 1968 fue asesinado en Memphis por James Earl Ray, un delincuente común de raza blanca. Mientras se celebraban sus funerales en la iglesia Edenhaëser de Atlanta, una ola de violencia se extendió por todo el país. Ray, detenido por la policía, se reconoció autor del asesinato y fue condenado con pruebas circunstanciales. Años más tarde se retractó de su declaración y, con el apoyo de la familia King, pidió la reapertura del caso y la vista de un nuevo juicio.[51]

---

[51]Biografías y Vidas. Blog citado.

FRASES CÉLEBRES

"Si ayudo a una sola persona a tener esperanza, no habré vivido en vano"

"Nada en el mundo es más peligroso que la ignorancia sincera y la estupidez concienzuda"

"La verdadera tragedia de los pueblos no consiste en el grito de un gobierno autoritario sino en el silencio de la gente"

"Todavía tengo el sueño de que un día, cada hombre de este país, cada hombre de color en el mundo entero, será juzgado por su valor personal y no por el color de su piel"

"Hemos aprendido a volar como los pájaros, a nadar como los peces, pero no hemos aprendido el sencillo arte de vivir como hermanos"

"Yo tengo un sueño que cada valle será exaltado, cada colina y cada montaña será humillada, lo áspero se enderece, y la gloria del Señor será revelada, y toda carne juntamente la verá"

"Siempre es el momento apropiado para hacer lo correcto"

"Tengo un sueño, un solo sueño, seguir soñando. Soñar con la libertad, soñar con la justicia, soñar con la igualdad y ojalá ya no tuviera necesidad de soñarlas"

"La cobardía hace la pregunta: ¿es seguro? La conveniencia hace la pregunta: ¿es político? La vanidad hace la pregunta: ¿es popular? Pero la conciencia hace la pregunta: ¿es correcto? Y llega el momento en que uno debe tomar una posición, que no es política, ni segura, ni popular. Pero uno debe tomarla porque es la correcta."

"No me duelen los actos de la gente mala, me duele la indiferencia de la gente buena"

NELSON MANDELA

Su nombre completo era Nelson Rolihlahla Mandela. Nació en Mvezo, Transkei, 1918 y falleció en Johannesburgo en el año 2013. Fue un activista y político sudafricano que lideró los movimientos contra el *apartheid* y, tras una larga lucha y 27 años de cárcel, presidió en 1994 el primer gobierno que ponía fin al régimen racista. Junto con Mahatma Gandhi y Martin Luther King, luchó por la justicia social.

Como la de cualquier niño africano en las zonas rurales, la infancia de Nelson Mandela transcurrió entre juegos y en estrecho contacto con las tradiciones de su pueblo. Hijo del jefe de una tribu, se le puso de nombre *Rolihlahla*, que significa revoltoso, pero a los siete años, con el fin de que pudiera asistir a la escuela metodista, fue bautizado con el nombre de Nelson en la iglesia de Transkei; ya famoso, sus compatriotas lo llamarían *Madiba*, por el nombre de su clan. Dos años después, a causa del fallecimiento de su padre, el pequeño Nelson quedó al cuidado de un primo suyo, el gran jefe Jongintaba; con él que se aficionó a escuchar a los jefes tribales y tomó conciencia del sentido de la justicia.

Cumplidos los dieciséis años, pasó a formar parte del consejo tribal; tres años después, en 1937, ingresó en el internado para negros de Ford Hare para cursar estudios superiores. Pero cuando en 1941 supo que el jefe Jongintaba había concertado para él un matrimonio, Mandela resolvió abandonar su aldea y partió a Johannesburgo. Pobremente establecido en el superpoblado suburbio de Alexandra, al poco de llegar conoció a Walter Sisulu, con quien trabó una amistad que sería determinante en todos los ámbitos: influyó en sus ideas políticas, le ayudó a conseguir trabajo y a finalizar sus estudios de derecho y le presentó a su prima Evelyn Mase, con la que contraería matrimonio en 1944.

Tanto Walter Sisulu como la infinidad de personas que tuvieron contacto con Mandela a lo largo de su vida coinciden en señalar su extraordinaria personalidad. El poder de seducción, la confianza en sí mismo, la capacidad de trabajo, la valentía y la integridad figuran entre las virtudes por las que brillaba allá donde fuese.

Sisulu captó de inmediato sus innatas dotes de líder y lo introdujo en el Congreso Nacional Africano (ANC), un movimiento de lucha contra la opresión que desde hacía décadas venían padeciendo los negros sudafricanos. Pronto sus cualidades lo situarían en puestos prominentes de la organización. En 1944, Mandela fue uno de los líderes fundadores de la Liga de la Juventud del Congreso, que llegaría a constituir el grupo dominante del Congreso Nacional Africano; su ideología era un socialismo africano: nacionalista, antirracista y antiimperialista.

En 1948 llegó al poder en Sudáfrica el Partido Nacional, que institucionalizó la segregación racial creando el régimen del *apartheid*. En realidad, el racismo institucional se remontaba en Sudáfrica al menos a 1911, fecha de una disposición discriminatoria que prohibía a los negros ocupar puestos de trabajo cualificados. Numerosas medidas promulgadas en las décadas siguientes (treinta y seis en total) habían llevado ya, por poner un solo ejemplo, a la exclusión de negros y mestizos del censo electoral.

El triunfo del Partido Nacional de los Afrikaaners (blancos descendientes de los *Boers* holandeses que colonizaron el país) vino a corroborar y a ampliar sin eufemismos lo ya existente: el gobierno de Daniel Malan (1948-1954) puso en pie un sistema completo de segregación y discriminación social, económica, cultural, política y territorial en perjuicio de la mayoría negra; era el llamado *apartheid* o "desarrollo separado de cada raza en la zona geográfica que le es asignada", según la definición oficial. Los gobiernos siguientes, presididos por Strijdom y Verwoerd, continuaron idéntica política. Un decreto de 1949 prohibió los matrimonios mixtos; otras leyes y reglamentos posteriores acabaron de configurar el sistema segregacionista: reconocimiento oficial de las razas, segregación a la hora de utilizar servicios (incluso el espacio de las playas) y separación en las fábricas y en los transportes públicos.

Bajo la inspiración de Gandhi, el Congreso Nacional Africano propugnaba métodos de lucha no violentos: la Liga de la Juventud del Congreso (presidida por Mandela en 1951-1952) organizó campañas de desobediencia civil contra las leyes segregacionistas. En 1952 Mandela pasó a presidir la federación del Congreso Nacional Africano de la provincia sudafricana de Transvaal, al tiempo que dirigía a los voluntarios que desafiaban al régimen; se había convertido en el líder de hecho del movimiento.

La represión produjo 8.000 detenciones, incluyendo la de Mandela, que fue confinado en Johannesburgo. Allí estableció el primer bufete de abogados negros de Sudáfrica. Paulatinamente había ido abandonando su postura africanista y adoptado la ideología del humanismo internacionalista que sostendría durante toda su vida. En 1955, cumplidas sus condenas, reapareció en público, promoviendo la aprobación de una *Carta de la Libertad,* en la que se plasmaba la aspiración de un Estado multirracial, igualitario y democrático, una reforma agraria y una política de justicia social en el reparto de la riqueza. Por aquellos años otra mujer irrumpió con fuerza en su vida: la asistente social

Nomzano Winnie Madikizela, más conocida como Winnie Mandela, con la que se casó en 1958.

El endurecimiento del régimen racista llegó a su culminación en 1956, con el plan del gobierno de crear siete reservas o *bantustanes,* territorios marginales supuestamente independientes en los que se pretendía confinar a la mayoría negra, que representaba más del setenta por ciento de la población. Tal medida conllevaba condenar a los negros no sólo a la marginación, sino también a la miseria: aquellas tierras no podían ofrecer un medio de vida porque estarían demasiado pobladas como para que su agricultura los pudiese alimentar, o para que sus industrias diesen trabajo a todos. Por lo demás, el poder blanco nunca estaría interesado en crear ninguna industria importante en tales reservas por el peligro de que fuesen competitivas respecto a las de las áreas blancas de la República.

El Congreso Nacional Africano respondió con manifestaciones y boicoteos que condujeron a la detención de la mayor parte de sus dirigentes; Mandela fue acusado de alta traición, juzgado y liberado por falta de pruebas en 1961. Durante el largo juicio tuvo lugar la matanza de Sharpeville, en la que la policía abrió fuego contra una multitud desarmada que protestaba contra las leyes racistas, matando a 69 manifestantes (1960). La matanza aconsejó al gobierno declarar el estado de emergencia, en virtud del cual arrestó a los líderes de la oposición negra: Mandela permaneció detenido varios meses sin juicio.

Aquellos hechos terminaron de convencer a los líderes del Congreso Nacional Africano de la imposibilidad de seguir luchando por métodos no violentos, que no debilitaban al régimen y que provocaban una represión igualmente sangrienta. En 1961 Mandela fue elegido secretario honorario del Congreso de Acción Nacional de Toda África, un nuevo movimiento clandestino que adoptó el sabotaje como medio de lucha contra el régimen de la recién proclamada República Sudafricana; se encargó asimismo de dirigir el brazo armado del Congreso Nacional Africano (la Lanza de la Nación). Su estrategia se centró en atacar instalaciones de importancia económica o de valor simbólico, excluyendo atentar contra vidas humanas.

En 1962 viajó por diversos países africanos recaudando fondos, recibiendo instrucción militar y haciendo propaganda de la causa sudafricana; a su regreso, Mandela fue detenido y condenado a cinco años de cárcel. Mientras aún estaba en prisión, fue uno de los ocho dirigentes de la Lanza de la Nación declarados culpables de sabotaje, traición y conspiración violenta para derrocar al gobierno en el juicio de Rivonia (1963-1964), a cuyo término dirigió a los jueces un célebre alegato final, lleno de firmeza y dramatismo, que no impidió que fuese condenado a cadena perpetua. Pese a hallarse en cautiverio, ese mismo año fue nombrado presidente del Congreso Nacional Africano.

Prisionero durante 27 años (1963-1990) en penosas condiciones, el gobierno de Sudáfrica rechazó todas las peticiones de que fuera puesto en libertad. Nelson

Mandela se convirtió en un símbolo de la lucha contra el *apartheid* dentro y fuera del país, en una figura legendaria que representaba el sufrimiento y la falta de libertad de todos los negros sudafricanos.

En 1984 el gobierno intentó acabar con tan incómodo mito, ofreciéndole la libertad si aceptaba establecerse en uno de los *bantustanes* a los que el régimen había concedido una ficción de independencia; Mandela rechazó el ofrecimiento. Durante aquellos años su esposa Winnie simbolizó la continuidad de la lucha, alcanzando importantes posiciones en el Congreso Nacional Africano. El ferviente activismo de Winnie no estuvo exento de escándalos; años después, ya en los 90, se vería envuelta en un polémico juicio en el que fue acusada de asesinato, si bien salió absuelta.

Finalmente, Frederik De Klerk, presidente de la República por el Partido Nacional, hubo de ceder ante la evidencia y abrir el camino para desmontar la segregación racial. En febrero de 1990 legalizó el Congreso Nacional Africano y liberó a Mandela, que se convirtió en su principal interlocutor para negociar el desmantelamiento del *apartheid* y la transición a una democracia multirracial; pese a la complejidad del proceso, ambos supieron culminar exitosamente las negociaciones. Mandela y De Klerk compartieron el Premio Nobel de la Paz en 1993.

Las elecciones de 1994 convirtieron a Mandela en el primer presidente negro de Sudáfrica (1994-1999); desde ese cargo puso en marcha una política de reconciliación nacional, manteniendo a De Klerk como vicepresidente y tratando de atraer hacia la participación democrática al díscolo partido Inkhata de mayoría zulú. Una película del cineasta estadounidense Clint Eastwood, *Invictus* (2009), reflejaría con bastante fidelidad el Mandela de aquellos años; su apoyo a una selección nacional formada por blancos durante la Copa Mundial de Rugby de 1995, celebrada en Sudáfrica, muestra su empeño en integrar la minoría blanca y la mayoría negra sirviéndose de aquel acontecimiento deportivo y su firme voluntad de construir una nación para todos los sudafricanos, sin distinción de raza.

Mandela, inició el Plan de Reconstrucción y Desarrollo, que destinó grandes cantidades de dinero a mejorar el nivel de vida de los sudafricanos negros en cuestiones como la educación, la vivienda, la sanidad o el empleo, e impulsó asimismo la redacción de una nueva constitución para el país, que fue finalmente aprobada por el parlamento en 1996. Un año después cedió la dirección del Congreso Nacional Africano a Thabo Mbeki, destinado a convertirse en su sucesor en la presidencia. En 1998, dos años después de haberse divorciado de Winnie, contrajo matrimonio con Graça Machel, viuda del antiguo presidente de Mozambique, Samora Machel.

Junto con el arzobispo Desmond Tutu, que presidía la Comisión de la Verdad y la Reconciliación, Nelson Mandela presentó en junio de 1998 el informe con las conclusiones de la Comisión. La talla del dirigente africano quedó patente una vez más cuando, frente al parecer del Congreso Nacional Africano, avaló las conclusiones del informe, que señalaban no solamente los abusos y crímenes del régimen segregacionista, sino también los cometidos por los diversos grupos de los movimientos de liberación, incluido el Congreso Nacional Africano. Tres meses antes de finalizar su mandato, Mandela anunció que no pensaba presentarse a la reelección. Le sucedió en la presidencia Thabo Mbeki, vencedor en las elecciones de junio de 1999.

Apartado de la vida política desde ese año, recibió múltiples reconocimientos, si bien sus problemas de salud hicieron cada vez más esporádicas sus apariciones públicas. Pese a su retirada, el fervor que Mandela despertaba en sus compatriotas siguió vivo: en 2010 estuvo presente en las ceremonias del Mundial de Fútbol de Sudáfrica, y recibió el caluroso apoyo de la multitud; en julio de 2013, estando el líder gravemente enfermo, la población sudafricana se lanzó a las calles para celebrar su 95º aniversario. Elevado a la categoría de uno de los personajes más carismáticos e influyentes del siglo XX, su figura ha entrado en la historia como encarnación de la lucha por la libertad y la justicia y como símbolo de toda una nación.[52]

---

[52] Biografías y Vidas. Página citada

RICHARD WAGNER

Wilhem Richard Wagner, nació el 22 de mayo de 1813, en Leipzig, Alemania, y falleció 13 de febrero de 1883, Ca' Vendramin Calergi, Venecia, Italia. Fue compositor, director de orquesta, poeta, ensayista, dramaturgo, escenógrafo y teórico musical alemán del Romanticismo, sobresaliendo, fundamentalmente en la adaptación de la mitología. Sus óperas más notables, son: El holandés errante, Tristán e Isolda; Tannhäuser, El oro del Rin y Lohengrin.

Sus obras son netamente de carácter épico, y sobre todo sobresale la espiritualidad. En ellas se destaca el heroísmo en la búsqueda de los valores más excelsos de la humanidad, primando el mensaje esperanzador y el logro de los más elevados ideales. La música y el texto de sus creaciones, se niegan a mostrar lo material, pero elevan nuestro sentir, con la orquestación que, yendo de más denso, alcanza conmocionar el alma nuestra y hacernos sentir que hay otro reino paralelo y alterno a este en el que existimos. Las óperas, que son la historia de la humanidad en los inicios, adquieren dimensiones colosales, situándonos en los instantes en que convivíamos como espíritus puros, antes de conocer la materia. Es de anotar, que el valor como músico, es el de levar poderosamente nuestros sentidos y hacernos sentir, en algunas ocasiones, nostalgia y en otras, agradecimiento por vislumbrar una luz al final de nuestro devenir como seres espirituales.

Sus obras han sobresalido al pasar el tiempo, y son reconocidas por su carácter orquestal, por su valor histórico, y por su aporte con el rompimiento de los esquemas de óperas reinantes en su siglo.

JHERONIMUS VAN AKEN

Hieronymus_Bosch (Cornelis Cort)

Jeronimus Van Aken, Nació en Bolduque en 1450 y falleció en 1516. Conocido como Jheronimus Bosch o Hieronymus Bosch, o El Bosco. Su obra pictórica, sobresale por tatar temas, aparentemente abstrusos o ilógicos, y podría creerse que los movimientos pictóricos del surrealismo, tuvieron sus inicios en este genial creador. Todas las figuras fueron pintadas con gran maestría, pero lo más sorprendente, es el simbolismo que encierran sus cuadros. Uno de los más conocidos es el Jardín de las delicias; pero trata, además, temas como Las bodas de Caná, Las tentaciones de San Antonio, EL juicio final, Cristo con la cruz a cuestas, San Juan Bautista, y muchas obras más.

Sobresalen, en ellas, el misticismo que le imprime a sus creaciones, la simplicidad, la belleza en los gestos y en algunos la transparencia anímica; pero lo más preponderante es el onirismo. Todas sus creaciones, parecen partir de ese mundo sutil en que vivía, y que logra llevar al lienzo. Las aves, las flores; la luz que reverbera, las sombras escasas, y cierto iluminismo espiritual, brotan como manantial en sus creaciones. Anonada a nuestra alma que tal belleza, simple y generosa, nos eleve y nos haga sentir la dulzura, el dolor, la majestad y, en el caso de la obra: San Juan Bautista en meditación, despierte el sentido de pureza en ese rostro tan magistralmente pintado. Sus obras, deberían estudiarse en las universidades como modelo de maestría, de belleza y de ingenio, y estudiarse mediante el lente psicológico para entender el onirismo y el simbolismo encerrados en sus creaciones.

San Juan Bautista en meditación

BIBLIOGRAFÍA

HARTMANN Franz. Editorial Kier, s.a. Av. Santa Fe 1260. Buenos Aires. Ciencia oculta en la medicina. Pág. 103,104,105,126,127

Wikipedia en español.

CORELLI Miss Marie. El castillo de Asélzion. Traducido por Ramón Barahona Merino. Pág. 108, 137,138,139,180,181

GONZÁLEZ Pérez, Carlos. VEINTITRÉS MAESTROS DE CORAZÓN. Un salto cuántico en la enseñanza. Pág. 13. http://www.ladanzadelavida12.blogspot.com/arcoirisdan@yahoo.es

MARDEN Orison Sweet. El poder del pensamiento. Editado por Federico Climent Terrer. Barcelona. Impresión marzo 25 de 1915. Págs. 21-25, 85-87,145,146,219-223

BLAVATSKY H. P. La voz del silencio. Editorial Kier s.a. Santa Fe 1260 Buenos Aires. Octava edición. Pág. 14

CRUZ González, Luis Bernardo. FRATERNIDAD ROSA-CRUZ ANTIGUA. Folleto mimeografiado. Conmemoración 60 aniversario de la fundación del aula “Hermes” Manizales. Enero 27 de 1996. Pág.3

YOUTUBE. Los 11 sistemas del cuerpo humano. https://youtu.be/enAeFd3ifwM

BIBLIA DE AMÉRICA. 4ª. Edición. La casa de la biblia. 1999.Génesis 1:26

ROJAS Romero, Israel. Logo-Sophia. CET. Artes Gráficas. Bogotá. Colombia. D.E. 1988. Pág.116

ROJAS ROMERO, Israel. Espiritualismo y la evolución. Imprenta Departamental de Caldas. 1936. Págs. 73,74.75.

LYTTON Sir Edward Bulwer. Zanoni. Ediciones Eisa. Aptdo. 2343 Biblioteca orientalista. México D.F. Págs. 514,515,536,556,

MARDEN Orison Swett. El poder del pensamiento. Obra citada Págs. 143-145.

ROSA-CRUZ DE ORO. Revista. Fraternidad Rosa-Cruz Antigua. Año IXX. Agosto de 1977. No. 111. Bogotá. Colombia. Pág. 10.

INGENIEROS José. El hombre mediocre. Editorial Cometa de papel. Medellín. Colombia. 1977. Págs.5, 6.

ROJAS Romero Israel El sentido ideal de la vida. Tercera edición. Tipografía y litografía Hispana. 1978. Bogotá. D.E. Colombia. Pág. 141,142

ROJAS Romero Israel. Viva sano. Editorial Hispana Ltda. Bogotá. Cuarta edición. Pág. 201

NEUMAYER Maximus. Grandeza de la psicoterapia. Fraternidad Rosacruz. Colombia. Págs. 29,30,69,70

LAVAGNINI Aldo. Manual del caballero rosacruz. Editorial Kier s.a. Av. Santa Fe 1260, Buenos Aires. Pág. 137

ROJAS Romero Israel. El espiritualismo y la evolución. Imprenta Departamental de Caldas. Manizales. 1936. Págs. 82,83.

INCLÁN Ramón María del Valle. La lámpara maravillosa. ESPASA - CALPE ARGENTINA, S. A. BUENOS AIRES - ARGENTINA. Enero 31 de 1948. Pág. 11

ROJAS Israel. El secreto de la salud y la clave de la juventud. Tipografía Hispana Ltda. 50°. Edición. 1984. Pág. 218-220,

RAMACHARAKA Yogi. La ciencia de la salud. Medicina Psíquica. Traducción del inglés de Federico Climent Terrer. Industrias gráficas Bilbao. Págs.49-56, 157-160.169,170,232-235,

LUZ EN EL SENDERO. Revista. Orden Rosacruz Kabalista. Año 13, diciembre 2001. No. 13. Cali, Colombia. Págs. 14,15.

STEINER. Rodolfo. Mitos y misterios egipcios. Sociedad Teosófica Cristiana de Buenos Aires. Editorial Kier. Santa Fe 1260. Buenos Aires. Pág. 29.

HEINDEL, Max. Misterios de las grandes óperas. Biblioteca virtual Upasika. Colección “Rosae Crucis” # 13. Pág. 4

THEARTWOLF.COM Obras maestras de la pintura.

PAPUS. Tratado elemental de ciencia oculta. Editorial Kier. Talcahuano 1075. Buenos Aires. Pàg.111

TARINGA. Escultores famosos y sus obras.

LA ENCICLOPEDIA BIOGRÁFICA EN LÍNEA. Biografías y vidas.

POSTFACIO

LA VIDA ES UN CUENTO DE HADA

Érase una vez, una mariposa con el pensamiento abstracto, o sea, representaba a quien tiene el poder de la imaginación creadora y de cuanto se puede obtener cuando se le desarrolla. Sus alas le concederán la magia de la libertad y con ella, podrá moverse armónicamente para libar la preciosa miel de cada flor de la mente concreta. Tal como ella —yo—escultor de palabras sanadoras, me movía de un capítulo al otro con la ayuda sutil del autor.

El ideal se huele, porque se parece al perfume que se siente, antes de ver la flor de la cual emana.

"La imaginación creadora, es la historia de la humanidad." Todas las cosas que nos rodean fueron inicialmente imaginadas para hacerse realidad posteriormente.

"A través de la imaginación se realizan todas las transformaciones, tanto en el sentido espiritual como material." ¿Tanto poder tendrá nuestra imaginación?

Imaginamos —como lo sostiene el autor— que somos una semilla de esa flor y que tenemos que dedicarnos a la educación. La tarea del educador moderno no es talar selvas sino regar desiertos. La enseñanza que deja huella no es la que se hace de cabeza a cabeza sino de corazón a corazón.

"El proceso de materialización o debiéramos decir, de concreción de las ideas, es natural y solo comparable con el proceso de germinación. Las ideas son semillas y poseen vida, ya que provienen de un ser vivo consciente en determinado grado, y tienen la fuerza y la vida que les imprimió el ser del cual surgió; además están dotadas del espíritu divino que todo lo mueve con santo dinamismo", definiendo que la tierra simboliza el inconsciente y que la semilla está representada por la imaginación. El agua que debe regar tal semilla está significada por la fe; el aire que debe permitirle respirar, por la voluntad del imaginado, y la luz, por la fuerza del amor. Cada idea es un ente vivo y puede llegar a materializarse si se conoce el *modus operandi*, como vamos a describir de manera sucinta. Pero como lo expresa el doctor Rodolfo Steiner en una de sus obras:

"Lo mismo que se requieren muchas cosas para que germine la semilla. Es necesario que ella sea hundida en la tierra, y que el sol envíe su calor."

"Una semilla de una rosa sabe que va a producir perfume, porque el aroma que surge posteriormente, está ya en potencia en su esencia".

En cualquier creación de carácter físico o de carácter espiritual se hace imprescindible la intervención de dos polaridades complementarias y una fuente que los alimenta.

El polo positivo, es la imagen concreta y el polo negativo es la imagen abstracta, pero deben estar alimentadas por el verbo o vibración, que es creado.

¿Será tan abstracto pensar que hacer lo correcto concretamente es positivismo?

El autor nos invita a reflexionar, a observar activamente a través del tiempo y de repente hallamos un hilo conductor, que a algunos tranquilizará y otros les pondrá más inquietos y en una búsqueda más profunda. Así nos indica el autor un camino de reflexión. El camino sobre lo cual los seres humanos han avanzado a pesar de todo, o a lo mínimo eso creemos. El hombre no es, lo que quiere ser.

El hombre es lo que cree ser. Creer, tener confianza absoluta en la realización de nuestros ideales, es crear una fuerza poderosa suficiente para vencer los más fuertes obstáculos que puedan presentarse en nuestro camino. Es entonces de admirar al género humano y su camino evolutivo, aparentemente lento, pero seguro, y el de sus facultades que se harán cada día más sobresalientes. El querer no es siempre poder. No debemos olvidar que quien le da la vida realmente a toda forma, es en verdad, Dios, en cualquier acepción o idioma en que se le nombre.

"Todo lo que yo invento, todo lo que yo imagino, quedará siempre más acá de la verdad, porque llegará un momento en que las creaciones de la ciencia superarán a las de la imaginación." Julio Verne

Además, tengo mucha fe en que este libro encuentra a sus lectores.

«Todas las cosas son posibles para el que cree." Marcos 9:23

En alguna ocasión, le preguntaron a *Albert Einstein* qué se debía hacer para dirigir a una joven para que se convirtiera en científica, a lo cual respondió: *"leer libros de cuentos de hadas"*. Este libro se lee como tal y hace que la imaginación vuela y crea.

Dr. Olivier Pascalin
Cofundador Médicos sin Fronteras y Doctissimo.es
Fundador y creador de CORPODANCE (Ecuador), y de
ACADEMOCION (A cada emoción su enseñanza)
Autor de varios libros de autoayuda

N.B: Rudolf Steiner fue filósofo austriaco, erudito literario, educador, artista, autor teatral, pensador social y ocultista fundador de la antroposofía, la educación Waldorf, la agricultura biodinámica, la medicina antroposofía y de la nueva forma artística de la euritmia.

"En La imaginación creadora, Jorge Eliécer Triviño se revela como un investigador profundo en temas de creatividad literaria, musical, pictórica y científica. Para explicar qué es la imaginación creadora y cómo se desarrolla el proceso de creación artística investigó con una pasión admirable la historia del arte en todas sus expresiones. Remontándose al origen mismo de la palabra imaginación, encuentra que la mente tiene poder para crear imágenes y, así, darles vida a mundos imaginarios, a pinturas imperecederas, a notas musicales que sobreviven al óxido del tiempo y hasta a inventos que transformaron la vida del hombre. Todo en una prosa bien manejada, con oraciones bien construidas, en un lenguaje que no obstante tener connotaciones científicas, se hace entendible para el lector."

José Miguel Alzate,

escritor, periodista,

Miembro de la Academia

caldense de historia.

Zeitfracht Medien GmbH
Ferdinand-Jühlke-Straße 7
99095 Erfurt, Deutschland
produktsicherheit@kolibri360.de